Amsterdam
1688

Foucher, Simon (Abbé Simon)

La morale de Confucius, philosophe de la Chine

LA MORALE DE CONFUCIUS, PHILOSOPHE DE LA CHINE.

A AMSTERDAM,
Chez PIERRE SAVOURET,
dans le Kalver-straat.

M. DC. LXXXVIII.

AVERTISSEMENT.

L'Ouvrage qu'on donne au public, & où est contenuë, en abregé, toute la Morale de Confucius Philosophe Chinois, est assez petit, si l'on regarde le nombre des pages qui le composent ; mais il est fort grand, sans doute, si l'on considére l'importance des choses qui y sont renfermées.

On peut dire que la Morale de ce Philosophe est infiniment sublime, mais qu'elle est, en même tems, simple, sensible, & puisée dans les plus pures sources de la raison naturelle. Assûrement, jamais la raison destitüée des lumieres de la révélation divine, n'a paru si dévelopée, ni avec tant de force. Comme il n'y a aucun devoir dont Confucius ne parle ; il n'y en a aucun qu'il outre. Il pousse bien sa morale ; mais il ne la pousse pas plus loin qu'il ne faut : son jugement luy faisant connoître toûjours jus-

jusqu'où il faut aller, & où il faut s'arrêter.

En quoy il a un avantage tres-considérable, non seulement sur un grand nombre d'Ecrivains du Paganisme, qui ont traité de semblables matiéres, mais aussi sur plusieurs Auteurs Chrétiens, qui ont tant de pensées fausses, ou trop subtiles; qui outrent les devoirs presque par tout; qui s'abandonnent à la fougue de leur imagination, ou à leur mauvaise humeur; qui s'éloignent presque toujours de ce juste milieu où la vertu doit étre placée, qui la rendent, par les faux portraits qu'ils en font, impossible à prâtiquer, & qui par-consequent ne rendent pas beaucoup de gens vertueux.

L'Auteur de *la maniére de bien penser dans les Ouvrages d'esprit*, qui joint toûjours, à un style extrêmement exact & poli, un discernement exquis, remarque fort bien qu'il y a du faux & du foible dans ces paroles d'un Ecrivain de ce tems; Chacun tâche d'oc-

„cu-

„cuper le plus de place qu'il peut dans „son imagination, & l'on ne se pousse „& ne s'agrandit dans le monde, que „pour augmenter l'idée que chacun se „forme de soi-même. Voilà le but de „tous les desseins ambitieux des hom„mes. Alexandre & Cesar n'ont point „eu d'autre vûe dans toutes leurs ba„tailles, que celle-là.

En effet, Aléxandre & Cesar, dans leurs batailles, peuvent n'avoir pas songé seulement à leur image intérieure, & quand même la pensée, dont il s'agit, seroit vraye en quelque rencontre, elle ne peut l'être dans l'étenduë qu'on luy donne. Il n'y a donc rien de plus mal pensé que ce que dit celui qui a composé, le premier traité des Essays de morale, & dont l'on vient de voir les paroles.

Ce que l'Auteur de ces Essais ajoûte d'abord, & que celui qui a composé les beaux Dialogues dont on vient de faire mention, n'a pas voulu prendre la peine de relever, est à peu prés de ce caractere;

 c'est

c'est même quelque chose de pis, on n'a qu'a y faire tant soit peu attention. „Je m'imagine, dit-il, que celui qui s'est le premier appellé, *Haut & Puissant Seigneur*, se regardoit „comme éléve sur la tête de ses vassaux, „& que c'est ce qu'il a voulu dire par „cét epithete de *haut*, si peu convenable „à la bassesse des hommes.

Que signifie tout ceci! Ou plûtôt, comment ose-t-on avancer, d'un air serieux & grave, des choses de cette nature? Qu'entend-on par ces paroles, *je m'imagine que celuy qui s'est le premier appellé*, haut & puissant Seigneur, *se regardoit comme élévé sur la téte de ses vassaux?* Ces paroles, ne peuvent avoir que deux sens; l'un est le propre, l'autre le figuré. Le sens propre est, que ce Seigneur s'imaginoit que ses pieds étoyent sur la tête de ses vassaux, qu'il marchoit sur leur tête effectivement, ou plus haut encore, & que pour les voir & leur commander, il faloit qu'il regardât en bas. Le sens figuré est, que ce Seigneur se croyoit éléve en auto-

ri-

rité ſur ſes vaſſaux, & que ſon rang & ſon pouvoir étoient beaucoup plus conſidérables que le leur Il eſt viſible, qu'à moins que ce Seigneur n'eut perdu l'eſprit, il ne pouvoit s'imaginer ce que le premier ſens ſignifie : & pour le ſecond, qui eſt le figuré, il eſt tres-vray ; ce Seigneur avoit raiſon de *ſe regarder comme élevé ſur ſes vaſſaux*, il étoit en droit de prendre des tîtres qui marquaſſent ſon autorité & ſa puiſſance, & il ne faiſoit que ce qu'ont fait, de tout tems, ceux que Dieu a établis pour commander aux autres. Dieu luy-méme, dans ſes Ecritures, les appelle *Dieux*, qui eſt bien plus que *Hauts & Puiſſants Seigneurs*. Ainſi, ces autres paroles, *cet epithete de* haut *ſi peu convenable à la baſſeſſe des hommes*, ne ſont pas plus ſenſées que les précédentes.

Ces endroits, qu'on vient de voir, ne ſont pas les ſeuls de ce caractere qui ſe trouvent dans les Eſſays de morale. Il y en a une infinité d'autres ſemblables. Et, pour ne pas ſortir du

 pre-

premier traité, en conscience ceux-ci sont-ils solides ?

„ Quand les hommes y auroient fait „ de grands progrez, *(l'Auteur parle „ de la Science des choses)* ils ne s'en „ devroient gueres plus estimer, puis „ que ces connoissances steriles sont si „ peu capables de leur apporter quel- „ que fruit & quelque contentement „ solide, qu'on est tout aussi heu- „ reux en y renonçant d'abord, qu'en „ les portant par de longs travaux au „ plus haut point où l'on puisse les por- „ ter.

„ Nous ne sommes capables de con- „ noître qu'un seul objet & une seule „ verité à la fois. Le reste demeure „ enseveli dans nôtre mémoire, com- „ me s'il n'y étoit point. Voilà donc „ nôtre science reduite à un seul ob- „ jet.

„ Qui est-ce qui n'est pas con- vain-

(a) *Chap.* 7. (b) *Chap.* 8.

„ vaincu que c'est une bassesse de se
„ croire digne d'estime, parce qu'on
„ est bien vêtu, qu'on est bien à che-
„ val, qu'on est juste à placer une
„ balle, qu'on marche de bonne gra-
„ ce?

Quoi! les sciences & les belles découvertes ne rendent-elles pas plus heureux, plus content, & plus honnête homme, lors qu'on en sçait faire un bon usage? Ne sçait-on pas même qu'il y a beaucoup de Théologiens, qui croient qu'une des choses qui feront la félicité des Saints dans le Ciel, sera une grande connoissance d'une infinité de véritez qui nous sont inconnuës, ou peu connuës, sur la Terre? est-ce que parce que nôtre esprit ne peut bien penser, tout à la fois, qu'à un seul objet, il s'ensuit de là, que tout le sçavoir d'un habile homme est borné à ce seul objet, qu'il ne sçait autre chose;

 qu'on

(a) *Ch.* 14.

qu'on peut dire d'un ton de Maître : *Voilà donc nôtre ſcience reduite à un ſeul objet* ? Enfin, eſt-ce une baſſeſſe à un cavalier, à un homme de Cour, de croire qu'il ſera plus digne d'eſtime, s'il fait bien ce qui convient à ſon rang, ſi, entre autres choſes, il eſt vêtu proprement, s'il eſt bien à cheval, s'il marche de bonne grace ? Et ne ſeroit-il pas effectivement digne de mépris, n'y auroit-il pas de la baſſeſſe, s'il avoit des habillemens malpropres, s'il ne prénoit nulle peine & nul ſoin pour être bien à cheval, s'il ne ſe piquoit d'aucune addreſſe, ou s'il marchoit comme un Payſan ?

On peut aſſûrer, que dans cét Abrégé de la morale de Confucius, on ne trouvera rien de ſemblable à ce qu'on vient de voir. On verra ici des Eſſays de morale, qui ſont des coups de Maître. Tout y eſt ſolide ; parce que la droite raiſon, cette vérité intérieure, qui eſt dans l'ame de

tous

tous les hommes, & que nôtre Philosophe consultoit sans cesse, sans préjugé, conduisoit toutes ses paroles. Aussi les régles qu'il donne, & les devoirs auquels il exhorte, sont tels, qu'il n'y a personne qui ne se sente d'abord porté à y donner son approbation. Il n'y a rien de faux dans ses raisonnemens, rien d'extrême, nulle de ces subtilitez épouvantables, qu'on voit dans les traittez de morale de la plûpart des Metaphysiciens d'aujourd'hui (*a*) c'est-à-dire, dans des traittez où la simplicité, la clarté, l'évidence devroient regner par tout, & se faire sentir aux esprits les plus grossiers.

On trouvera, peut-être, un peu rélachée cette maxime, où Confucius dit qu'il y a certaines personnes qu'il est permis de haïr. Cependant, si l'on considére la chose de prés, l'on reconnoî-

(a) *Voyez le traitté de morale de l'Auteur de la Recherche de la Vérité.*

noîtra que la pensée est juste & raisonnable. En effet, la vertu veut que l'on fasse du bien à tous les hommes, comme Confucius le pose; mais elle n'exige pas que nous ayons effectivement de l'amitié pour toutes sortes de gens. Il y a certaines gens si haïssables, qu'il est absolument impossible de les aimer: car aprés tout, on ne peut aimer que le bien; on ne peut qu'avoir de l'aversion, pour ce qui paroit extrêmement mauvais & plein de défauts. Tout ce que la charité oblige de faire, en ces sortes de rencontres, c'est de rendre office à une personne, lors qu'on le peut, comme si on l'aimoit, nonobstant les vices, la malice, & les grands defauts qu'on remarque en elle.

Puisque l'occasion s'en présente, on remarquera, qu'ordinairement on outre le devoir de l'amour des ennemis, que Jesus-Christ recommande tant dans son Evangile. Ce devoir est assez difficile à remplir dans sa juste étenduë, sans qu'on le rende enco-

re

re plus difficile, ou plutôt impossible à prâtiquer, & capable de jetter dans le desespoir, ou de faire tomber dans un entier relâchement. La plûpart de ceux qui expliquent ce devoir, parlent comme si nous étions obligez d'avoir dans le cœur une amitié tendre pour tous nos ennemis, quelques méchans & abominables qu'ils soient. Ce n'est pourtant point cela précisément que le Fils de Dieu demande de nous, parce qu'il ne demande point des choses absolument impossibles. Son but est de nous porter à agir envers tous nos ennemis, quels qu'ils soient, comme l'on fait envers ceux que l'on aime. En effet, l'Ecriture, en plusieurs endroits, par *aimer* entend précisement *faire du bien*, à peu prés comme l'on en fait à ceux pour qui l'on a beaucoup d'amitié. Si c'en étoit ici le lieu, nous pourrions vérifier cela par plusieurs Passages. Nous nous contenterons seu-

ſeulement d'alleguer l'Exemple de Dieu luy-même, que nôtre Sauveur propoſe. Car, aprez avoir dit, *Aimez vos ennemis; beniſſez ceux qui vous maudiſſent; faites du bien à ceux qui vous haïſſent, & priez pour ceux qui vous courent ſus, & qui vous perſécutent:* (car ce ſont tout autant de Synonimes) il ajoûte; *afin que vous ſoyez enfans de vôtre Pére qui eſt aux Cieux; car il fait lever ſon ſoleil ſur les méchans & ſur les bons, & il envoïe ſa pluïe ſur les juſtes & ſur les injuſtes.* Or, il eſt certain que Dieu n'aime point les méchans & les injuſtes, quoiqu'il leur faſſe du bien: il a eu une extrême averſion, pour un Caligula, par exemple, pour un Neron, & pour d'autres ſemblables monſtres; quoiqu'il ait fait lever ſon ſoleil ſur eux, & qu'il leur ait envoïé ſa pluïe. Mais il a agi envers eux comme s'il les aimoit: & c'eſt auſſi de la ſorte que nous

en

(a) *Matt.* 5: 44, 45.

en devons user envers nos ennemis. Ce n'est pas que nous ne devions faire sincérement, tout ce qui est possible pour avoir même dans le cœur des sentimens d'amitié pour eux: mais il y a certaines gens si mechans, si déreglez, si abominables, pour qui il est impossible d'avoir ces sentimens. Et c'est pour cela que la charité est encore plus grande, plus généreuse, & plus digne de loüange, lors que, nonobstant cette aversion qu'on ne peut pas s'empêcher d'avoir pour certaines personnes, l'on ne laisse pas de leur faire du bien dans l'occasion, dans la veuë d'obéïr à Dieu.

Au reste, par tout ce que nous avons dit jusques ici, on peut juger combien le public est redevable aux P.P. Incorcetta & Couplet, Jesuïtes qui ont traduit, de Chinois en Latin, les trois livres de Confucius, dont nous avons tiré cette piéce de morale qu'on voit paroître. Nous avons choisi les choses

le

les plus importantes ; & en avons laissé plusieurs qui, quoy-que bonnes en elles-mêmes, & conformes sur tout au genie des personnes pour qui elles ont été dites & écrites, auroient semblé, peut-être, trop vulgaires & de peu de considération dans nôtre Europe. Et comme dans l'Ouvrage des PP. Intorcetta & Couplet, outre la morale de Confucius, il est parlé de l'Origine de la nation Chinoise, & des livres les plus anciens qu'ait cette Nation, & qui ont paru, plusieurs siécles avant celui de Confucius, nous avons traduit, sur ce sujet, ce qu'il est le plus nécessaire de sçavoir.

Il est bon de dire ici, pour la satisfaction des Lecteurs, que les Chinois, depuis le commencement de leur Origine, jusques au tems de Confucius, n'ont point été Idolâtres, qu'ils n'ont eu ni faux Dieux, ni statuës, qu'ils n'ont adoré que le Créateur de l'Univers, qu'ils ont toûjours appellé *Xam-ti*, & auquel leur troisiéme Empereur, nommé

Hoam-

Hoam-ti, bâtit un Temple, qui apparemment a été le premier qu'on ait bâti à Dieu. Le nom de *Xam-ti*, qu'ils donnoient à Dieu, signifie, *Souverain Maître*, ou *Empereur*. On remarque qu'il y a bien eu des Empereurs de la Chine, qui ont pris, assez souvent, le surnom de *Ti*, qui veut dire *Maître, Empereur*, ou celui de *Vàm*, qui signifie Roy; qu'il y a eu même un Prince de la quatriéme race qui s'est fait appeller *Xi hoàm ti*, *le Grand* ou *l'Auguste Empereur*; mais qu'il ne s'en est trouvé aucun qui ait osé prendre le titre de *Xam*, c'est-à-dire de *Souverain*, & qu'on l'a toûjours laissé, par respect, à l'Arbitre absolu de l'Univers.

Il est vrai, qu'on a en tout tems, dans la Chine, offert des Sacrifices à divers Anges tutelaires: mais dans les tems qui ont précédé Confucius, c'étoit dans la vûe de les honorer infiniment moins que *Xam-ti*, que

** le

le Souverain Maître du Monde.

Les Chinois servoyent Dieu avec beaucoup de magnificence, mais en même tems avec un exterieur fort modeste & fort humble ; & ils disoient que tout ce culte exterieur n'étoit nullement agréable à la Divinité, si l'ame n'étoit intérieurement ornée de piété & de vertu. Ils honoroient fort leur Peres & leur Meres, & les personnes avancées en âge. Les femmes étoient fort vertueuses ; & l'on remarquoit une grande modestie dans leurs habits & dans toutes leurs manieres. Les hommes & les femmes, les Grands & les petits, les Roys & les Sujets, aimoient fort la sobrieté, la frugalité, la modération, la justice, la vertu.

La Religion & la piété des Chinois demeurerent, à peu prés, en cét état jusques au tems du Philosophe *Li Lao Kiun*, qui fut contemporain de Confufucius, & qui enseigna le premier qu'il y avoit plusieurs Dieux. Confucius arrêta le torrent de la superstition & de l'idolatrie, qui commençoit à faire du ravage. Mais enfin, lors qu'on eut apporte' des Indes l'Idole de *Foe*, c'est-à-dire, soixante-cinq ans aprez Jesus-Christ, ce torrent se deborda si fort, qu'il fît un ravage, dont les tristes effets se voyent encore aujourd'hui.

Il auroit été à souhaiter qu'il se fût éléve', de tems en tems, des Confucius: les choses n'en seroient pas au point où elles sont dans la Chine. Ce grand homme instruisoit aussi bien par ses mœurs & par son exemple, que par ses préceptes: & ses préceptes e'toient si justes, si nécessaires, & proposez avec tant de gravite', & en même tems avec tant de douceur & avec tant d'adresse, qu'ils ne pouvoient que s'insinüer aisement dans les cœurs, & y produire de grands effets. On n'a qu'à lire ce petit traitte' pour en être entiérement convaincu.

LA

LA MORALE DE CONFUCIUS

Philosophe Chinois

PREMIERE PARTIE

De l'Antiquité & de la Philosophie des Chinois.

QUoi-que dans ce petit Ouvrage nous n'ayons dessein que de rapporter ce qu'il y a de plus considérable dans les livres de Confucius, nous sommes pourtant obligez de parler de quelques livres qui ont paru dans la Chine avant ce Philosophe. Mais comme nous ne sçaurions le faire sans prendre la chose d'un peu haut, nous dirons un mot de l'Origine & de l'ancienneté des Chinois.

Ceux qui ont écrit les Annales de la Chine demeurent presque tous d'accord que *Fohi* qui commença à regner, 2952. ans avant la naissance de Jesus Christ, a été le fondateur de cette Monarchie. Les Chinois qui ont interpreté ces Annales ne font pas difficulté d'avoüer que tout ce qui est dit de la Chine, avant le regne de cét Empereur, est fabuleux & suspect de mensonge: & l'un de leurs plus-célebres Hiſtoriens, appellé *Taiſucum*, avoüe même qu'il ignore tout ce qui s'eſt paſſé avant le regne de *Xinnum* qui a été le Succeſſeur de *Fohi*. Il n'y a que certaines Annales que les Chinois appellent *les grandes Annales*, où on lit la choſe autrément. L'Auteur de cette prodigieuſe Chronique qui contient presque cent cinquante volumes, rapporte qu'aprés la Creation du Monde, il y eut trois Empereurs; l'un du Ciel, l'autre de la terre, & le troiſiéme des hommes; que les Deſcendans de ce dernier ſe ſuccederent les uns aux autres pendant l'eſpace de plus de quarante-neuf mille ans: aprés quoi trente-cinq familles Imperialles regnerent ſans interruption durant pluſieurs ſiécles. Cét Auteur ajoûte pourtant, qu'il ne garantit pas ce qu'il dit, & convient enfin que le plus ſûr eſt de commencer par Fohi, & de ſuivre en cela les Hiſtoriens les plus célebres.

Ce n'eſt pas que dans la vie de *Fohi* on n'ait inſeré une infinité de fables qui pourroient faire douter d'abord ſi cét Empereur a jamais été. Car outre qu'on lit dans *les grandes Annales*, que la mére de *Fohi* ayant mis les piés par hazard dans un endroit où un Geant avoit paſſé, elle fut tout à coup environnée d'un Arc-en-Ciel, & que ce fut dans ce moment-là, qu'elle ſe trouva enceinte du fondateur de la Monarchie Chinoiſe: On y voit encore que ce fondateur avoit la téte d'un homme, & le corps

d'un

d'un serpent. Il est vrai que comme ces fables sont grossieres, la plûpart des Chinois s'en moquent. Ils disent que ce qui a donné lieu à cette tradition ridicule, a été la couleur du corps de *Fohi*, qui étoit marqué de plusieurs tâches; ou plûtôt, que ça été un Hieroglife, par lequel on avoit voulu représenter que ce Prince avoit été un Prince d'une prudence extraordinaire. Mais quand nous n'aurions pas cét aveu, la Généalogie de ce Roi est si exacte, si circonstanciée, & si bien suivie dans les tables Chronologiques des Chinois, qu'il n'est pas possible de s'imaginer que ce ne soit là qu'un *jeu* d'esprit: si bien qu'il y auroit aussi peu de raison de nier, ou de douter même que *Fohi* ait jamais été, que de soûtenir que Saturne, Jupiter, Hercule & Romulus ne sont que des noms, sous ombre que les Poëtes & même les Historiens les plus graves, ont mélé l'histoire de leur naissance de mille fables impertinentes.

Cependant, ces mêmes Annales, qui contient tant de fables à l'occasion de la naissance de *Fohi*, ne disent rien de ses prédécesseurs, & ne parlent que fort imparfaitement de sa Patrie; ce qui fait soupçonner d'abord qu'il n'étoit pas né dans la Chine, & qu'il y étoit venu d'ailleurs. Elles marquent seulement, qu'il nâquit dans une Province appellée *Kensi*, où effectivement il devoit nécessairement aborder, ſuppoſé qu'il ſoit venu d'ailleurs dans la Chine: Car aprés la confuſion des langues, & la diſperſion des peuples, il dût venir du côté de la Meſopotamie, ou du territoire de Sennaar, aborder à *Kenſi*, & parvenir en ſuite au cœur du païs, ſçavoir dans la Province de *Honan* où l'on trouve écrit qu'il établit ſa Cour.

Quoi-qu'on ne puiſſe pas ſçavoir préciſement en quel tems *Fohi* jetta les premiers fondemens de ſon Empire, il y a pourtant beaucoup d'apparence que ce ne fût pas long-tems aprés le Déluge: Car en effet, ſi l'on ſuit même à la rigueur, les ſupputations des Chinois, & la Chronologie des 70. ce ne fut qu'environ 200. ans aprés, dans un tems auquel Noé vivoit encore. De ſorte que nous croirions volontiers qu'il eſt deſcendu de ce Patriarche par Sem, qui ſelon le ſentiment de tout le monde, eût l'Aſie pour ſon partage. Et ce qui acheve de nous confirmer dans nôtre penſée, c'eſt que dans la langue des Chinois, *Sem*, qui ſignifie engendrer & produire, ſignifie auſſi la vie & une victime. En effet, c'eſt des enfans de Noé, que tous les hommes aprés le Déluge ſont deſcendus, ont reçû la vie, & ont apris à offrir des victimes à la Divinité. A quoy l'on peut ajoûter que *Fohi* eſt appellé par les Chinois *Paohi*, qui ſignifie auſſi une victime, parce que ce fût le premier des Deſcendans de *Sem* qui introduiſit parmi eux le ſervice de Dieu & l'uſage des Sacrifices.

Que

Que si l'on ne veut pas s'en tenir aux supputations dont nous venons de parler, retranchons, si l'on veut, les six premiers Empereurs, dont l'histoire pourroit n'être pas vraye en tout, & commençons à conter seulement depuis le septiéme, sçavoir depuis l'Empereur *Yao*, Car depuis le regne de cét Empereur, tant de gens ont conté & écrit par Cycles, tout ce qui s'est passé dans ce Royaume, & ils l'ont fait avec tant d'exactitude, & une si générale uniformité, qu'on ne peut non plus douter de l'exactitude de leur calcul, que de celle des Olympiades des Grecs. Or on trouvera encore, selon cette supputation, que l'origine de la nation Chinoise n'est pas fort éloignée du Déluge; car depuis le tems *d'Yao*, jusqu'à l'année de ce siécle 1688. il y a quatre mille quarante huit ans.

Cela étant ainsi, il faut nécessairement que ceux qui ont commencé à habiter la Chine eussent encore la connoissance du vrai Dieu, & de la Création du Monde; Car l'idée du vrai Dieu, & le souvenir de la Création du Monde ont subsisté long-tems aprés le Déluge, dans l'esprit des hommes, même de ceux qui s'étoient le plus corrompus, comme les Descendans de Cham, par exemple. En-effet, outre qu'il est parlé de la Création du Monde dans les Annales des Chinois, quoi-que d'une maniére differente de l'histoire qu'en fait Moyse, il n'étoit pas possible que ces idées du vrai Dieu, que la Création du monde, & en suite le Déluge, ne pouvoient qu'avoir gravées profondement dans leurs cœurs, eussent été tout d'un coup effacées de telle sorte, qu'ils fussent tombez dans l'idolatrie, & eussent servi d'autres Dieux que celuy qui les avoit créez. Mais pour être mieux persüadez de tout ce que nous venons de dire, il n'y à qu'à considérer la doctrine, les sentimens & les mœurs des anciens Chinois, les livres de leurs Philosophes & sur tout ceux de Confucius. Certainement on y verra par tout la plus belle Morale qui ait été jamais enseignée, une Morale qu'on diroit être sortie de l'Ecole de Jesus-Christ.

Les livres que les anciens Chinois ont écrit, sont en fort grand nombre, mais les principaux sont ceux qu'on appelle *U Kim*, c'est à dire les cinq volumes; & ceux qu'on nomme *Su Xu*, c'est à dire les quatre livres.

Le premier & le principal des cinq volumes est appellé *Xu Kin*. Il n'est pas nécessaire de parler fort au long de l'ancienneté de cét Ouvrage; il suffit de dire qu'en le lisant on reconnoit, que celui qui en est l'Auteur, a écrit longtems avant Moyse. On y void d'abord l'histoire de trois grands Rois, sçavoir *d'Yao*, de *Xun*, & *d'Yu*, le dernier desquels a été le premier & le Chef de la famille *d'Hia*, la plus considérable de toutes les familles Imperiales; & les deux autres ont été de célebres Legislateurs

teurs & comme les Solons de la Chine. On y trouve ensuite les Constitutions les plus importantes qui furent faites durant le regne de la seconde famille, ou de la Maison Impériale, appelée *Xam* & *Yn*, sur-tout par *Chimtam* qui en fût le fondateur, & qui parvint à l'Empire 1776. ans avant la venüe de Jesus-Christ. Enfin, on y parle de la troisiéme famille, on y rapporte principalement ce qui a été dit, ou ce qui a été fait de remarquable, sous le gouvernement des cinq premiers Princes, & du douziéme. On y void l'histoire de *Vuvam* qui fût le chef de cette troisiéme famille, & les veilles & les enseignemens du célebre *Cheucum*, frére de cét Empereur, qui fût un Prince distingué, & par sa vertu & par une prudence extraordinaire. Tout ce volume, pour le dire en un mot, n'est qu'une Relation historique, & qu'un tissu de maximes morales, de harangues prononcées par des Princes, de sentences sorties de la bouche de Rois, & de personnes, particuliéres, de préceptes & de conseils donnez à des Princes, où l'on void éclater par tout tant de prudence, tant de politique, tant de sagesse & tant de Religion, qu'ils pourroient être donnez à tous les Princes Chrêtiens.

Le second volume, qui est proprément un recit des mœurs & des Ordonnances de presque douze Regnes, est appellé *Xi Kim*. C'est un recüeil d'Odes & de plusieurs autres petits Poëmes de cette nature : car, comme la Musique est fort estimée & fort en usage dans la Chine, & que tout ce qu'on dit dans ce Volume ne regarde que la pureté des mœurs, & la prâtique de la vertu, ceux qui le composérent le composérent en vers, afin que chacun pouvant chanter les choses qui y sont contenuës, elles fussent dans la bouche de tout le monde. La vertu y est loüée & exaltée au supréme degré, & il y a tant de choses dites d'une maniére si grave & si sage, qu'on ne se lasse jamais de les admirer. Il est bien vrai qu'il y a de choses ridicules, des hyperboles extravagantes en faveur de certains Princes, des murmures contre le Ciel & contre Dieu : mais les plus judicieux Interpretes croyent que tout cela est suspect ; que ceux à qui on l'attribue n'en sont pas les Auteurs ; qu'il n'y faut point ajouter foi ; que ce sont des choses qu'on y a ajoûtées. En-effet, disent-ils, les autres Odes anciennes n'ont rien de ridicule, d'extravagant, de criminel, ainsi qu'il paroit par ces paroles de Confucius, *Toute la doctrine des trois cens Poëmes, se reduit à ce peu de paroles*, Su vu Sie, qui signifient, *qu'il ne faut penser rien de méchant ou de sale.*

On appelle le troisiéme Volume. *Te Kim.* Dans ce Volume, qui est le plus ancien de tous, si toutefois il peut être appellé un Volume, on ne void qu'obscurité & tenebres. *Fohi* n'eut pas plûtôt fondé son Empire, qu'il voulût donner des in-

Instructions aux Chinois; mais comme il n'avoit pas l'usage des caracteres & de l'écriture, ce Prince qui ne pouvoit pas les enseigner tous de vive voix, & qui d'ailleurs étoit occupé de l'agrandissement de sa Monarchie naissante, aprés avoir révé long-tems, s'avisa enfin de faire une table composée de quelques petites lignes qu'il n'est pas necessaire de décrire. Comme les Chinois étoient encore grossiers & rustiques, il y a grande apparence que ce Prince travailla en vain: & s'il est vrai qu'il vint à son but, par les explications claires & aisées qu'il donna lui même pour l'intelligence de ces lignes, il arriva, au moins insensiblement, que cette table ne fût de nul usage: Car il est constant qu'aprés sa mort personne ne s'en pût servir. Prés de deux mille ans s'étoient déja écoulez depuis la fondation de la Monarchie, sans qu'on eut pû déchifrer en aucune maniére cette table mysterieuse, lors qu'on vid paroître enfin un ædipe: ce fut un Prince appellé *Venvam*. Ce Prince tâcha de pénetrer le sens de ces lignes par un grand nombre d'autres lignes qu'il disposa en différentes maniéres; ce furent de nouvelles enigmes. Son fils, sçavoir *Cheucum*, entreprit la même chose; mais il n'eut pas le bonheur de mieux réüssir. Enfin, cinq cens ans aprés s'éleva Confucius qui voulut tâcher de délier le nœud. Il expliqua, comme il l'entendit, les petites lignes du fondateur, & les in-

interpretations qu'on en avoit données avant lui, & rapporta tout à la nature des Etres & des Elemens: aux mœurs & à la discipline des hommes. Il est vrai que Confucius étant parvenu à un âge plus avancé, reconnût qu'il s'étoit mêpris, & il désiroit même faire de nouveaux Commentaires sur cet ouvrage énigmatique; mais la mort l'empécha d'executer sa résolution.

Confucius a donné pour titre au quatriéme Volume, *Chun Cieu*; paroles qui signifient *le Printems & l'Automne*. Il le composa dans sa vieillesse. Il y parle en Historien des expeditions de divers Princes; de leurs vices, de leurs vertus, des peines qu'ils ont subies, des récompenses qu'ils ont reçûës. Confucius a voulu que ce quatriéme Volume eût pour titre, *le Printems & l'Automne*, qui est un titre emblematique, parce que les Etats sont florissans lors que les Princes sont doüez de vertu & de sagesse; ce qui est représenté par le *Printems*; Et qu'au contraire, ils tombent comme les feuilles, & se detruisent entiérement, lors que les Princes ont peu d'esprit, ou qu'ils sont mechans, ce qui est représenté par *l'Automne*.

Le cinquiéme Volume, dont le titre est *Li Ki*, comme qui diroit, *Mémoires des rites, & des devoirs*; est composé de deux livres, dont dont Confucius a tiré la matiére de plusieurs autres livres, & de divers monumens de l'antiquiquité. Mais comme environ trois cens ans aprés, toutes les copies de cét ouvrage furent brûlées par le commandement d'un Empereur crüel, appellé *Xihoamti*, & qu'on ne pût reparer cette perte, qu'en consultant les hommes les plus âgez qui en pouvoient avoir conservé quelques idées, il ne faut pas douter que l'Ouvrage ne soit présentement fort défectueux, ainsi que le reconnoissent les Interpretes; qu'il n'y manque plusieurs choses, & qu'on n'y en ait ajoûté plusieurs autres qui n'étoient point dans les copies de Confucius. Quoi qu'il en soit, dans tout ce Volume, tel qu'il est aujourd'hui, il est parlé des rites, tant sacrez que prophanes; de toutes sortes de devoirs, tels qu'on les pratiquoit au tems des trois familles des Princes *Hia*, *Xam*, *Cheu*, mais sur tout de celle qui regnoit du tems de Confucius. Ces devoirs sont ceux des péres & des méres envers leurs enfans; ceux des enfans envers leurs péres & leurs méres; les devoirs du mari & de la femme, ceux des amis, ceux qui regardent l'hospitalité, ceux dont il faut s'acquiter, soit à la porte, ou dans la maison, ou dans les festins. On y parle encore des vaisseaux des Sacrifices, des victimes que l'on doit offrir au Ciel, des Temples qu'il faut choisir pour cela, de la vénération que l'on doit avoir pour les Morts, & de leurs funerailles. Enfin on y traite des Arts liberaux, sur tout de la

Mu-

Musique, de l'Art militaire, de la maniére de lancer un dard, & de conduire un Chariot. Voilà en abregé ce que contiennent les cinq Volumes.

Les quatre Livres, dont les trois premiers sont les livres de Confucius dont nous avons dessein de parler, contiennent toute la Philosophie des Chinois, au moins, tout ce que cette Philosophie a de plus délicat & de plus considérable. Ils expliquent & mettent dans un plus-beau jour ce qui est écrit dans les cinq Volumes: & quoi que l'autorité des cinq Volumes soit infiniment plus grande, à cause de leur antiquité, que celle des quatre Livres, les quatre Livres l'emportent néanmoins, par l'utilité qu'on en reçoit. En-effet, outre que les Chinois en tirent leurs principaux Oracles, & ce qu'ils croyent être d'éternelles véritez, les *Lettrez* qui sont des Philosophes qui suivent la Doctrine de Confucius, & qui ont entre leurs mains tous les emplois de la Nation, ne sçauroient parvenir au grade de Philosophe, & par consequent à être Mandarins ou Magistrats, sans une grande connoissance de ces quatre Livres. Ils sont bien obligez, à la verité, de sçavoir l'un des cinq Volumes, lequel même ils peuvent choisir, selon leur inclination: mais pour les quatre Livres, ils sont indispensablement obligez de les sçavoir tous quatre par cœur, & de les entendre bien; en voici les principales raisons

sons. La premiére est que Confucius, & Memcius qui a écrit le quatriéme livre, ont recüeilli ce qu'il y a de meilleur & de plus exquis dans les ouvrages des Anciens. La seconde est qu'ils ont ajoûté plusieurs bonnes choses aux découvertes & aux pensées de leurs Ancêtres. La troisiéme, que Confucius & Memcius proposent leur doctrine d'une maniére plus nette & plus claire qu'on n'avoit fait auparavant. Enfin, c'est parce que Confucius & Memcius ont évité, dans les quatre Livres, le Style rude & grossier des Anciens, & que par un Style poli, quoi-que sans fard & sans faste ils ont ajoûté des ornemens à la simplicité toute nüe de l'âge d'or.

Nous n'avons rien à dire du quatriéme livre, parce que cét Ouvrage de Memcius n'a pas encore paru en Europe: mais avant que de parler de ceux de Confucius, il est necessaire de faire connoître le mérite de ce Philosophe, & ce qui s'est passé de plus remarquable dans sa vie.

Confucius naquit, 551, an avant la venüe de Jesus-Christ. Il étoit d'une extraction tres-noble; car, sans parler de sa mere, qui étoit d'une naissance illustre, son pere qui avoit été élevé aux premiéres charges de l'Empire, étoit descendu du dernier Empereur de la seconde famille.

Comme les dispositions à la vertu paroissent quel-

quelquefois dans les premiéres années, Confucius, à l'âge de six ans, n'avoit rien d'enfant: toutes ses maniéres étoient les maniéres d'un homme meur.

Dés l'âge de quinze ans, il s'attacha à la lecture des Anciens, & ayant choisi ceux qu'on estimoit le plus & qu'il trouva lui-même les meilleurs, il en tira les plus-excellentes instructions, dans le dessein d'en profiter lui-même le premier, d'en faire les regles de sa conduite, & de les proposer ensuite aux autres. A l'âge de vingt ans il se maria, & eut un fils nommé *Peyu*, qui mourût âgé de cinquante ans. Ce fut le seul enfant qu'il eut, mais sa race ne s'eteignit pas pourtant, il lui resta un petit-fils appellé *Cusu* qui ne se rendit pas indigne de ses Ancêtres. *Cusu* s'attacha à la Philosophie; il commenta les livres de son ayeul, il fût élevé aux premiéres charges, & sa maison s'est si bien soûtenüe', ses descendans ont été toûjours si considerables, & par leurs dignitez & par leur opulence', que cette famille encore aujourd'huy est une des plus illustres familles de la Chine.

Confucius exerça la Magistrature en divers lieux avec beaucoup de succez, & avec une grande réputation. Comme il n'avoit en vuë que l'utilité publique, & la propagation de sa doctrine, il ne cherchoit point la vaine gloire en ces sortes d'emplois. Aussi lors-qu'il ne par-

parvenoit pas à son but, lors-qu'il remarquoit qu'il s'étoit trompé dans l'esperance qu'il avoit conçûe de pouvoir répandre plus aisément ses lumiéres, d'un lieu élevé, il en descendoit, il renonçoit à la charge de Magistrat.

Ce Philosophe eut jusqu'à trois mille Disciples, entre lesquels il y en eut cinq cens qui remplirent les charges les plus éminentes en divers Royaumes, & soixante douze d'une vertu & d'un sçavoir si extraordinaires, que les Annales ont conservé leurs noms, leurs surnoms, & les noms même de leur Patrie. Il divisa sa Doctrine en quatre parties; si bien que l'Ecole de Confucius étoit composée de quatre ordres de Disciples. Ceux du premier ordre s'appliquoient à cultiver la vertu, & à s'en imprimer de fortes habitudes dans l'esprit & dans le cœur. Ceux du second ordre s'attachoient à l'art du raisonnement & à celui de bien parler. Les troisiémes faisoient leur étude de la Politique. Et le travail & l'occupation des Disciples du quatriéme ordre, étoit d'écrire d'un stile poli & exact, ce qui regardoit la conduite des mœurs. Parmi ces soixante & douze Disciples, il y en eut dix qui se distinguerent, & dont les noms & les Ecrits sont en grande vénération.

Confucius, dans toute sa doctrine, n'avoit pour but que de dissiper les ténébres de l'esprit, bannir les vices, rétablir cette integrité qu'il as-

susûroit avoir été un présent du Ciel; & pour parvenir plus facilement à ce but, il exhortoit tous ceux qui écoutoient ses instructions, à obeir au Ciel, à le craindre, à le servir, à aimer son prochain comme soi-même, à se vaincre, à soûmettre ses passions à la raison, à ne faire rien, à ne dire rien, à ne penser rien qui lui fut contraire. Et ce qu'il y avoit de plus remarquable, il ne recommandoit rien aux autres, ou par écrit, ou de vive voix, qu'il ne pratiquât premierement lui-même. Aussi ses Disciples avoient-ils pour lui une vénération si extraordinaire, qu'ils ne faisoient pas quelquefois difficulté de lui rendre des honneurs, qu'on n'avoit accoutumé de rendre qu'à ceux qui étoient élevez sur le Trône: nous en allequerons un exemple. C'étoit une ancienne coutume, parmi les Chinois, de placer les lits des malades du côté du Septentrion: mais parce que cette situation étoit la situation des lits des Rois, lors-qu'un Roi visitoit un malade, l'on remettoit le lit du côté du Midi, & ç'eut été une espece de crime de ne le point faire. Confucius a eu des Disciples qui lui ont rendu, dans leurs maladies, un semblable hommage. Nous n'oublierons pas ici une chose fort remarquable que rapportent les Chinois. Ils disent que Confucius avoit coustume de dire de tems en tems, *que l'homme saint étoit dans l'Occident*. Quelle que fut sa pensée, il est cer-

certain que soixante & cinq ans aprés la naissance de Jesus-Christ, l'Empereur *Mimti*, poussé par les paroles du Philosophe, & plus encore, comme l'on dit, par l'Image du Saint Héros qui lui apparût en songe, envoya deux Ambassadeurs dans l'Occident, pour y chercher *le Saint & la sainte Loi*; Mais ces Ambassadeurs ayant abordé à une certaine Isle qui n'étoit pas fort éloignée de la Mer rouge, n'ayant pas osé pousser plus loin, ils s'aviserent de prendre une certaine Idôle qu'ils y trouverent, la statuë d'un Philosophe appellé *Foe Kiao* qui avoit paru dans les Indes, environ cinq cens ans avant Confucius, & apporterent dans la Chine avec l'Idôle de *Foe* la Doctrine qu'il avoit enseignée. Que leur Ambassade eut été heureuse, si au lieu de cette Doctrine ils fussent retournez dans leur patrie avec la Doctrine salutaire de Jesus-Christ que S. Thomas enseignoit pour lors dans les Indes! Mais cette divine lumiére n'y devoit pas encore être portée. Depuis ce malheureux tems la pluspart des Chinois ont servi les Idôles; & la superstition & l'Idolatrie ayant fait, tous les jours, de nouveaux progrez, ils se sont éloignez, peu-à-peu, de la Doctrine de leur Maître, ils ont negligé les excellentes instructions des Anciens, & enfin, étant venus jusques à mépriser toute sorte de Religion, ils sont tombez dans l'Athéisme. Aussi ne pouvoient-ils faire autrement, en suivant l'exécrable doctrine de *Foe*, car cét Imposteur enseignoit, *que le principe & la fin de toutes choses étoit le neant.*

Pour revenir à Confucius dont la doctrine a été si opposée à celle de *Foe* & de ses Sectateurs, cét illustre Philosophe qui étoit si nécessaire à la Patrie mourût l'an 73. de son âge, Peu de tems avant la maladie qui le ravit aux Chinois. Il déploroit avec une grande amertume d'esprit, les desordres de son tems; & il exprimoit ses pensées & sa douleur, par un vers qui peut être traduit de cette maniére. *O grande montagne!* il entendoit sa doctrine, *O grande montagne, qu'es-tu devénuë! Cette importante Machine a été renversée! helas! il n'y a plus de sages, il n'y a plus de saints!* Cette réflexion l'affligea si fort, qu'il en devint tout languissant; & sept jours avant sa mort, se tournant du côté de ses Disciples, aprés avoir témoigné le déplaisir qu'il avoit de voir que les Rois, dont la bonne conduite étoit si nécessaire, & d'une si grande conséquence, n'observoient pas ses instructions & ses maximes, il ajouta doulourеusement; *puis que les choses vont de la sorte, il ne me reste plus qu'à mourir.* Il n'eut pas plûtôt proferé ces paroles, qu'il tomba dans une létargie, qui ne finît que par la mort.

Confucius fut enseveli dans sa Patrie, dans le Royaume de *Lu*, où il s'étoit retiré avec ses plus

plus chers Disciples. On choisit pour son sépulchre un endroit qui est proche de la ville de *Kiofeu* au bord du fleuve *Su*, dans cette même Académie où il avoit coutume d'enseigner, & que l'on voit encore aujourd'huy toute entourée de murailles, comme une ville considerable.

On ne sçauroit exprimer l'affliction que causa la mort de ce Philosophe à ses Disciples. Ils le pleurerent amérement; ils prirent des habits lugubres, & furent dans un si grand ennui, qu'ils negligeoient le soin de leur nourriture & de leur vie. Jamais bon pére n'a été plus regreté, par des enfans bien nés & bien élevez, que Confucius le fut par ses Disciples. Ils furent tous dans le deüil & dans les larmes, un an entier: il y en eut qui le furent durant trois ans: & même il s'en trouva un qui pénétré plus vivement que les autres de la perte qu'ils avoient faite, ne bougea, de six ans, de l'endroit où son Maître avoit été enseveli.

On voit, dans toutes les Villes, des Colléges magnifiques qu'on a bâtis en l'honneur de Confucius, avec ces Inscriptions & d'autres semblables, écrites en gros caractéres & en caractéres d'or. *Au grand Maître. A l'illustre Roi des Lettrez. Au Saint.* Ou, ce qui est la même chose chez les Chinois, *A celui qui a été doüé d'une sagesse extraordinaire.* Et quoi-qu'il y ait deux mille ans que ce Philosophe n'est plus, on a une si grande vénération pour sa memoire, que les Magiltrats ne passent jamais devant ces Colléges, qu'ils ne fassent arrêter les Chaises superbes où ils sont portez par distinction. Ils en descendent, & aprez s'être prosternez quelques momens, ils continuent leur chemin en faisant quelques pas à pié. Il n'y a pas même jusqu'aux Rois & aux Empereurs qui ne se fassent honneur quelquefois, de visiter eux-mêmes ces Edifices où sont gravez les titres de ce Philosophe, & de le faire même d'une maniére éclatante. Voici des paroles fort remarquables de l'Empereur *Yumlo* qui a été le troisiéme Empereur de la précédente famille appellée *Mim.* Il les prononça un jour qu'il se disposoit à aller à un de ces Colléges dont nous avons déja parlé. *Je vénére le Précepteur des Rois & des Empereurs. Les Empereurs & les Rois sont les Seigneurs & les Maîtres des peuples; mais Confucius a proposé les veritables moyens de conduire ces mêmes peuples, & d'instruire les siecles à venir. Il est donc à propos qui j'aille au grand Collége, & que j'offre la des présens à ce grand Maître qui n'est plus, afin que je fasse connoitre combien j'honore les Lettrez, & combien j'estime leur doctrine.* Ces marques extraordinaires de vénération persuadent que la vertu, & le mérite de ce Philosophe ont été extraordinaires. Et certes cét excellent homme avoit aussi des qualitez admirables. Il avoit un

air

air grave & modeste tout ensemble : il étoit fidéle, équitable, gai, civil, doux, affable : & une certaine sérénité, qui paroissoit sur son visage, lui gagnoit les cœurs, & lui attiroit le respect de tous ceux qui le regardoient. Il parloit peu; & il méditoit beaucoup. Il s'appliquoit fort à l'étude, sans pourtant fatiguer son esprit. Il méprisoit les richesses et les honneurs, lors-que c'étoient des obstacles à ses desseins. Tout son plaisir étoit d'enseigner et de faire gouter sa doctrine à beaucoup de gens. Il étoit plus sévére pour soi que pour les autres. Il avoit une attention continüelle sur lui-même, et étoit un Censeur fort rigoureux de sa propre conduïte. Il se blamoit de n'être pas assez assidu à enseigner ; de ne travailler pas avec assez de vigilance à corriger ses defauts, et de ne s'exercer pas, comme il faloit, dans la prâtique des vertus. Enfin il avoit une vertu qu'on trouve rarement dans les grands hommes, sçavoir l'humilité : car non seulement il parloit avec une extrême modestie, de soi et de tout ce qui le regardoit, mais aussi il disoit devant tout le monde avec une sincerité singuliére, qu'il ne cessoit point d'apprendre, et que la doctrine qu'il enseignoit n'etoit pas sienne, que c'estoit la doctrine des Anciens. Mais ses livres sont son véritable portrait, nous l'allons faire voir par cet endroit-là.

SECONDE PARTIE

Recueil des Ouvrages de Confucius.

LIVRE PREMIER.

LE premier livre de Confucius a été mis en lumiére par l'un de ses plus célebres Disciples nommé *Cemçu*; & cét habile Disciple y a ajoûté de fort beaux Commentaires. Ce livre est comme la porte, par où il faut passer pour parvenir à la plus sublime sagesse, & à la vertu la plus parfaite. Le Philosophe y traite de trois choses considérables. 1. De ce que nous devons faire pour cultiver nôtre esprit & régler nos mœurs. 2. De la maniére avec laquelle il faut instruire & conduire les autres; & enfin, du soin que chacun doit avoir de tendre vers le souverain bien, de s'y attacher, de s'y reposer, pour ainsi dire.

Parce que l'Auteur a eu dessein, sur-tout, d'addresser ses enseignemens aux Princes, & aux Magistrats qui peuvent être appellez à la Royauté, le livre a pour titre *Ta-Hio*, comme qui diroit, *La grande Sçience*.

Le grand secret, dit Confucius, pour aquerir la veritable science, la science, par consequent, digne des Princes, & des personnages les plus-illustres, c'est de cultiver & polir la raison,

ſon, qui eſt un préſent que nous avons reçû du Ciel. La concupiſcence l'a déréglée, il s'y eſt mêlé pluſieurs impuretez. Otez en donc ces impuretez, afin qu'elle reprenne ſon premier luſtre, & ait toute ſa perfection. C'eſt là le ſouverain bien. Ce n'eſt pas aſſez. Il faut de plus, qu'un Prince, par ſes exhortations & par ſon propre exemple, faſſe de ſon peuple comme un peuple nouveau. Enfin, aprez être parvenu, par de grands ſoins, à cette ſouveraine perfection, à ce ſouverain bien, il ne faut pas ſe relacher; c'eſt ici que la perſeverance eſt abſolument néceſſaire.

Comme d'ordinaire les hommes ne ſuivent pas les voyes qui peuvent conduire à la poſſeſſion du ſouverain bien, & à une poſſeſſion conſtante & éternelle, Confucius a crû qu'il étoit important de donner là-deſſus des inſtructions.

Il dit, qu'aprez qu'on a connu la fin à laquelle on doit parvenir, il faut ſe déterminer, & tendre ſans ceſſe vers cette fin, en marchant dans les voyes qui y conduiſent; en confirmant tous les jours dans ſon cœur, la reſolution qu'on a formée d'y parvenir, & en la confirmant ſi bien, qu'il n'y ait rien qui la puiſſe ébranler tant ſoit peu.

Quand vous aurez affermi de la ſorte vôtre eſprit dans ce grand deſſein, adonnez-vous, ajoute-t-il, à la méditation: raiſonnez ſur toutes choses, en vous même: tâchez d'en avoir des idées claires: considerez distinctement ce qui se présente à vous: portez-en sans prejugé, des jugemens solides: pésez tout, examinez tout avec soin. Aprez un examen & des raisonnemens de cette nature, vous pourrez aisément parvenir au but où il faut que vous vous arrêtiez, à la fin à laquelle vous vous devez tenir attaché, sçavoir, à une parfaite conformité de toutes vos actions avec ce que la raison suggere.

A l'égard des moyens qu'un Prince doit employer, pour purifier & polir sa raison, afin que sa raison étant ainsi disposée, il puisse conduire ses Etats, & redresser & polir la raison de ses peuples, le Philosophe propose de quelle maniére les anciens Rois se conduisoient.

Ils tâchoient, dit-il, pour être un jour en état de bien gouverner tout leur Empire, de bien conduire un Royaume particulier, & de porter ceux qui le composoient à cultiver leur raison & à agir comme des créatures doüées d'intelligence. Pour produire cette réformation dans ce Royaume particulier, ils travailloient à celle de leur famille, afin qu'elle servit de modéle à tous les sujets de ce Royaume. Pour réformer leur famille ils prenoient un soin extraordinaire de polir leur propre personne, & de composer si bien leur exterieur, qu'ils ne dissent rien, qu'ils ne fissent rien qui put

Pût choquer tant soit peu la bienséance, & qui ne fut édifiant, afin qu'ils fussent eux-mêmes une régle & un exemple exposé sans cesse aux yeux de leurs domestiques & de tous leurs Courtisans. Pour parvenir à cette perfection extérieure, ils travailloient à rectifier leur esprit, en reglant & domtant leurs passions; parce que les passions, pour l'ordinaire, éloignent l'esprit de sa droiture naturelle, l'abbaissent, & le portent à toute sorte de vices. Pour rectifier leur esprit, pour regler & domter leurs passions, ils faisoient en sorte que leur volonté se portât toûjours vers le bien, & ne se tournât jamais vers le mal. Enfin, pour disposer ainsi leur volonté, ils s'étudioient à éclairer leur entendement, & à l'éclairer si bien, qu'ils n'ignorassent rien, s'il étoit possible: car enfin, pour vouloir, pour désirer, pour aimer, pour haïr, il faut connoitre; c'est la Philosophie de la droite raison.

C'est ce que proposoit Confucius aux Princes, pour leur apprendre à rectifier & polir, premierement leur raison, & ensuite la raison & la personne de tous leurs Sujets. Mais afin de faire plus d'impression, aprez être descendu par degrez, de la sage conduite de tout l'Empire, jusques à la perfection de l'entendement, il remonte, par les mêmes degrez, de l'entendement éclairé jusqu'à l'état heureux de tout l'Empire. Si, dit-il, l'entendement d'un

Prince est bien éclairé, sa volonté ne se portera que vers le bien : sa volonté ne se portant que vers le bien, son ame sera entierement rectifiée, il n'y aura aucune passion qui lui puisse faire perdre sa rectitude : l'ame étant ainsi rectifiée, il sera composé dans son extérieur, on ne remarquera rien en sa personne qui puisse choquer la bienséance : sa personne étant ainsi perfectionnée, sa famille se formant sur ce modéle, se réformera & se polira : sa famille étant parvenuë à cette perfection, elle servira d'exemple à tous les Sujets du Royaume particulier, & ceux qui composent le Royaume particulier, à tous ceux qui composent le corps de l'Empire. Ainsi tout l'Empire sera bien reglé ; l'ordre & la justice y regneront ; l'on y jouïra d'une paix profonde, ce sera un Empire heureux & florissant. Confucius avertit ensuite, que ces enseignemens ne regardent pas moins le Sujets que les Princes : & aprés s'addressant précisément aux Rois, il leur dit, qu'ils doivent s'attacher particulierement à bien regler leur famille, à en avoir soin, à la réformer : *Car*, ajoûte-il, *il n'est pas possible, que celui qui ne sçait pas conduire & réformer sa propre famille, puisse bien conduire & réformer un peuple.*

Voilà ce qu'il y a de plus important dans la doctrine de Confucius contenüe dans le premier livre, & qui est le texte, pour ainsi dire, sur

sur lequel *Cemçu* son Commentateur a travaillé.

Ce célébre Disciple, pour expliquer & étendre les enseignemens de son Maître, allegue des autoritez & des exemples qu'il tire de trois livres fort-anciens, & fort estimez par les Chinois.

Le premier livre dont il parle, qui est pourtant moins ancien que les autres, a pour titre *Camcao*, & fait une partie des Chroniques de l'Empire de *Cheu.* Ce livre a été composé par un Prince appellé *Vùvâm* fils du Roi *Venvâm.* Vùvâm y fait l'éloge de son pere; mais le principal dessein qu'il a, en exaltant les vertus & les grandes qualitez de ce Prince, est de former sur ce modéle l'un de ses freres qu'il veut perfectionner dans la vertu: & l'on remarque qu'il lui disoit ordinairement que leur pere avoit pû devenir vertueux. *Vénvam*, lui disoit-il, *a pû polir sa raison & sa personne.*

Le second livre d'où *Cemçu* tire ses autoritez & ses exemples est appellé *Tái-Kia.* Ce livre, qui est beaucoup plus-ancien que le premier, a été écrit par un fameux Empereur de *Xam*, appellé *Y-Tin*, on y lit que cét *Y-Tin*. voyant que *Tái-Kia* petit fils de l'Empereur *Chim-Tam* degéneroit de la vertu de ses illustres Ancêtres, & se conduisoit d'une maniére entiérement differente de la leur: il lui ordonna de demeurer trois ans dans un jardin, où étoit le sepulpulcre de son ayeul ; que cela fit une grande impression sur son esprit, qu'il changea de conduite : & que le même *Y-Yin* qui lui avoit rendu un si bon office, l'ayant ensuite élevé à l'Empire, *Tái-Kia* le gouverna long-tems, fort heureusement. *Le Roi Tam*, disoit *Y-Yin* *à Tai-Kia, le Roi Tam avoit toûjours l'esprit occupé à cultiver cette prétieuse raison qui nous a été donnée du Ciel.*

Enfin le troisiéme livre, qui est beaucoup plus ancien que les deux précedens, est appellé *Ti-Tien* : & l'on y lit encore à l'occasion du Roi *Yao*, *que ce Prince avoit pû cultiver cette sublime vertu, ce grand & sublime don qu'il avoit reçû du Ciel, sçavoir la raison naturelle.*

Il est visible, que le Disciple de Confucius, par ces autoritez, a dessein d'enseigner, ou plûtôt suppose que tout le monde croit que nous avons tous reçû du Ciel, des lumiéres que la plûpart des hommes laissent éteindre par leur negligence, une raison que la plupart des hommes négligent volontairement & laissent corrompre ; & que puis qu'il y a eu des Princes qui ont perfectionné ces lumieres, qui ont cultivé & poli leur raison, on les doit imiter, & que l'on peut aussi bien qu'eux par ses soins, attoindre à une perfection semblable.

Il ne faut pas oublier ici une chose remarquable que rapporte *Cemçu*, touchant un bassin dans lequel le Roi *Tam* avoit coutume de se laver.

ver. Il dit qu'on y voyoit gravées ces belles paroles, *lave-toi, renouvelle-toi continuellement. Renouvelle-toi chaque jour. Renouvelle-toi de jour-en-jour*; & que c'étoit pour faire entendre au Roi, que si un Prince qui gouverne les autres a contracté des vices & des soüillcures, il doit travailler à s'en nettoyer, & à mettre son cœur dans son premier estat de pureté. Au reste, ça été une ancienne coutume parmi les Chinois de graver ou de peindre sur leurs vases domestiques des sentences morales, & de fortes exhortations à la vertu: en sorte que lors qu'ils se lavoient ou qu'ils prenoient leur repas là, ils avoient toujours devant les yeux ces sentences & ces exhortations. Cette coûtume ancienne s'est même conservée jusqu'à présent. Il y a seulement cette différence, dit celui qui a publié les ouvrages de Confucius, qu'au lieu qu'autrefois l'on gravoit, ou l'on peignoit les caracteres au dedans du vaisseau, au milieu de la face intérieure, aujourd'hui, le plus souvent, les Chinois les font graver ou peindre en dehors, *se contentant, dans ce siécle-ci de l'apparence exterieure de la vertu.*

Aprez que *Cemçu* a parlé des deux premiéres parties de la Doctrine de son Maître, dont l'une regarde ce qu'un Prince doit faire pour sa propre perfection, & l'autre ce qu'il est obligé de faire pour la perfection & le bonheur des autres, il passe à la troisiéme & derniére partie,

tie, où il est parlé de la derniére fin que chacun doit se proposer comme le souverain bien, & dans laquelle il doit s'arrêter. On se souviendra, que par la derniére fin & le souverain bien, Confucius entend, comme nous l'avons deja fait remarquer, une entiere conformité de nos actions avec la droite raison.

Il allegue aprez cela, l'exemple de ce Vênvâm, dont nous avons deja parlé: & certes la conduite de ce Prince a été si sensée & si bien reglée, qu'on ne peut apprendre sans admiration, que par les seules lumieres de la Nature, il ait eu les idées qu'il a euës, & qu'il soit parvenu à une vertu si sublime que celle à laquelle il est parvenu. On ne sera pas marri d'en voir ici quelque chose.

Vênvâm, dit le Commentateur, avoit reconnu que l'amour que les Princes ont pour leurs Sujets ne peut que contribüer beaucoup à les bien conduire & à les rendre heureux: & dans cette vûë, il faisoit son affaire principale de cét amour qu'il tâchoit de perfectionner sans cesse. Voici de quelle maniére il s'y étoit pris. Parce que la principale vertu d'un Sujet est d'honorer & de respecter son Roi, *Vênvam* étant encore Sujet, se fixoit à cét honneur & à ce respect: & il se faisoit un si grand plaisir de ces sortes d'obligations, qu'il les remplit toûjours avec beaucoup de fidélité. Comme la premiere & la plus importante vertu des enfans,

fans à l'égard de leurs peres est l'obeïssance, *Vènvâm*, dans la relation de fils, se fixoit à cette obeïssance; & il s'aquita, sans relache, de ce devoir, avec une piété extraordinaire. La principale vertu d'un pere, ajoute le Disciple de Confucius, est un amour tendre pour les enfans: aussi *Vènvâm*, comme pere, se fixoit, à cét amour, dont il donna toujours des marques fort éclatantes, non par une foible & criminelle indulgence, mais par les soins continüels qu'il prit de les corriger & de les instruire. Enfin, la bonne foi est une vertu absolument nécessaire à ceux qui vivent en societé: aussi *Vèn-vâm* parlant & agissant avec les Sujets de son Royaume se fixoit à cette vertu, & il y fut toûjours si fort attaché, qu'il ne lui arriva jamais de rien promettre qu'il n'effectuat avec une promtitude & une exactitude inconcevables.

Ce Prince, dit *Cemçu*, étoit né d'un pere & d'une mere, qui étoient des personnes fort vertueuses, & qui avoient pris grand soin de son éducation, sur tout *Taicin* sa mére qui avoit été un modéle de vertu: mais il avoit lui-même si bien cultivé cette éducation qu'il se rendit un Prince accompli, & s'aquit tant de réputation & une estime si générale, même chez les Nations étrangeres, que quarante-quatre Royaumes s'étoient volontairement soûmis à son Empire. Cependant, ajoûte-t-il, ce grand éclat dont

dont il étoit environné, ne fût jamais capable de l'éblouïr ; il étoit d'une humilité & d'une modestie sans exemple, il s'accusoit même fort sévérement de n'être pas assez vertueux : car un jour qu'il étoit malade, la terre ayant été secouée par de prodigieux tremblemens, il ne chercha la cause de cette calamité & de la colere du Ciel que dans ses propres péchez, quoi-qu'il fut d'une vertu consommée.

Ce qui a le plus paru dans les actions de *Vênvâm*, est une charité extraordinaire, nous n'en alleguerons qu'un exemple. On lit dans les Annales de la Chine, que ce Prince ayant rencontré à la campagne les ossemens d'un homme à qui l'on avoit refusé les honneurs de la sépulture, il commanda d'abord qu'ils fussent ensevelis : & comme quelqu'un de ceux qui étoient autour de lui, dit qu'on ignoroit qui étoit le Maître du défunt, & que par cette raison il ne faloit pas s'en mettre en peine, fondé peut être sur quelque coutume du païs. *Quoi!* répondit le Roy, *celui qui tient les rênes de l'Empire n'est-il pas le Maître de l'Empire? celui qui regne n'est-il pas le Maître du Royaume? je suis donc le Maître & le Seigneur du defunt, ainsi pourquoi lui refuserois-je ces derniers devoirs de pieté?* Mais ce n'est pas tout ; il n'eut pas plutôt proferé ces paroles, que se dépouillant de son vétement Royal, il commanda que l'on s'en servit pour envelopper ces ossemens, & qu'on qu'on les ensevelit selon les maniéres & la coûtume du païs : ce que ses Courtisans ayant vû avec admiration s'écrierent, *si la pieté de nôtre Prince est si grande envers des ossemens tout secs ; combien grande ne sera-t-elle pas envers des hommes qui jouissent de la vie.* Ils firent quelques autres réflexions de cette nature.

La charité de *Vênvâm*, avoit proprement pour objet toutes sortes de personnes, mais particulierement les personnes avancées en âge, les veuves, les orphelins, & les pauvres, qu'il protegeoit & nourrissoit comme s'ils eussent été ses propres enfans. On croit que ces charitables actions ont été la cause principale du retablissement d'une pieuse coûtume des premiers Empereurs, & d'une loi qu'on observe encore aujourd'huy dans toute la Chine. Cette loi porte que dans chaque ville, même dans les plus petites, l'on entretiendra, aux depens du public, cent pauvres personnes âgées.

Mais *Vênvâm* ne se contenta pas d'avoir donné, durant le cours de sa vie, des instructions & des exemples de vertu ; lors qu'il se sentît proche de la mort, ne se fiant pas assez sur la force de ses instructions précedentes & de ses exemples, & sçachant que les dernieres paroles des mourans font une grande impression, il donna encore à son fils *Vuvâm* ces trois avertissemens. 1. *Lorsque vous verrez faire quelque action vertueuse, ne soyez point paresseux à la la pratiquer. 2. Lors que l'occasion de faire une chose raisonnable se présentera, profitez-en, sans hesiter. 3. Ne cessez point de travailler à détruire & à extirper les vices. Ces trois avertissemens que je vous donne, mon fils,* ajouta-t-il, *contiennent tout ce qui peut produire une probité exacte, & une conduite droite.*

Voilà sans doute un exemple qui fait sentir, que dans le tems que ce Roi vivoit, les Chinois avoient des sentimens fort raisonnables, & que la vertu étoit leur passion, pour ainsi dire; car enfin les peuples, pour l'ordinaire, se conforment aux sentimens & aux mœurs de leurs Rois.

Regis ad exemplum, totus componitur orbis.

Il n'y a rien pourtant, qui donne une plus grande idée de la vertu des anciens Chinois, que ce qu'ils ont dit & pratiqué, à l'égard des procez. Ils enseignoient qu'il ne faloit intenter des procez à personne; que les fraudes, les aigreurs & les inimitiez qui sont les suites ordinaires des procez, étoient indignes des hommes; que tout le monde devoit vivre dans l'union & dans la concorde, & que pour cela il faloit que chacun fit tous ses efforts, ou pour empêcher les procez de naître, ou pour les étouffer dans leur naissance, en accordant les parties, & leur inspirant l'amour de la paix, c'est-à-dire, *en les engageant à renouveller & polir leur raison*; ce sont les paroles de *Cemçu*.

Mais ce qu'il y a de plus remarquable sur ce sujet, c'est les précautions extraordinaires que les Juges prenoient, lorsque quelque cause étoit portée devant leurs Tribunaux. Ils examinoient, avec toute l'attention dont ils pouvoient être capables, tout l'exterieur de celui qui suscitoit le procez, afin que par ce moyen ils pussent connoître si cêt homme étoit poussé par de bons motifs, s'il croyoit sa cause bonne, s'il agissoit sincerement: & il y avoit cinq Régles pour cela. Par la premiére Régle, ils examinoient l'arrangement de ses termes & sa maniére de parler, & cela s'appelloit *Cusim*, c'est-à-dire, *l'observation des paroles*. Par la seconde Régle, ils consideroient l'air de son visage, & le mouvement de ses lévres; & cela s'appelloit *Sesim*, c'est-à-dire, *l'observation du visage*. Par la troisiéme ils prenoient garde à la maniére dont il respiroit lors qu'il proposoit sa cause; cette Régle s'appelloit *Kisim*, c'est-à-dire, *l'observation de la respiration*. Par la quatriéme ils remarquoient s'il avoit la repartie prompte, s'il ne donnoit pas des réponses embarrassées, mal-assurées, incertaines, ou s'il parloit d'autre chose que de ce dont il étoit question; si ses paroles n'étoient pas ambiguës; & cela s'appelloit *Ulhsim*, c'est-à-dire, *l'observation des réponses*. Enfin, par la cinquiéme Ré-

Régle, les Juges devoient considerer avec soint les regards, prendre garde s'il n'y avoit point de trouble, d'égarement, de confusion; s'il n'y paroissoit pas quelque indice de mensonge & de fraude, & cette derniére Regle étoit appellée *Motim*, c'est-à-dire, *l'observation des yeux*.

C'étoit par ces marques extérieures que cét ancien Areopage découvroit les sentimens les plus-cachez du cœur, rendoit une justice exacte, détournoit une infinité de gens des procez & des fraudes, & leur inspiroit l'amour de l'équité & de la concorde. Mais aujourd'hui, on ignore ces Régles dans la Chine, ou du moins elles y sont negligées entiérement.

Pour revenir à la Doctrine de Confucius éclaircie par les Commentaires de *Cemçu*, ce Disciple fait fort valoir une Maxime qu'il avoit entendu dire fort souvent à son maître, & qu'il inculquoit aussi fort lui-même. La voici. *Conduisez-vous toûjours avec la même précaution & avec la même retenüe que vous auriez, si vous étiez observé par dix yeux, & que vous fussiez montré par dix mains.*

Pour rendre la vertu plus recommandable encore, & en inspirer avec plus de facilité les sentimens, le même Disciple fait comprendre, que, ce qui est honnête & utile étant aimable, nous sommes obligez à aimer la vertu, parce qu'elle renferme ces deux qualitez; que d'ailleurs la vertu est un ornement qui embellit, pour ainsi dire, toute la personne de celui qui la posséde, son interieur & son exterieur; qu'elle communique à l'esprit des beautez & des perfections qu'on ne sçauroit assez estimer; qu'à l'égard du corps, elle y produit des agrêmens fort sensibles; qu'elle donne une certaine Physionomie, certains traits, certaines maniéres qui plaisent infiniment; & que comme c'est le propre de la vertu de mettre le calme dans le cœur & d'y entretenir la paix, aussi ce calme intérieur & cette joye secrete produisent une certaine sérénite sur le visage, une certaine joye, & un certain air de bonté de douceur & de raison qui attire le cœur & l'estime de tout le monde. Aprés quoi il conclut, que la principale occupation d'un homme est de rectifier son esprit, & de si bien régler son cœur, que ses passions soient toûjours dans le calme; & que s'il arrive qu'elles viennent à être excitées, il n'en soit pas plus émû qu'il ne faut, en un mot, qu'il les régle selon la droite raison. Car, par exemple, ajoûte-t-il, si nous nous laissons emporter à une colére démesurée, c'est-à-dire, si nous nous mettons en colére lorsque nous n'en avons point de sujet, ou plus que nous ne devons lors que nous en avons quelque sujet, l'on doit conclurre de-là, que nôtre esprit n'a point la rectitude qu'il devroit avoir. Si nous méprisons & haïssons mortellement une personne, à cause de certains défauts que nous remarquons en elle, & que nous ne rendions pas justice à ses bonnes qualitez, si elle en a; si nous nous laissons troubler par une trop grande crainte; si nous nous abandonnons à une joye immoderée, ou à une tristesse excessive, on ne peut pas dire non plus, que nôtre esprit soit dans l'état où il devroit être, qu'il ait sa rectitude & sa droiture.

Cemçu pousse encore plus loin cette Morale, & lui donne une perfection, qu'on n'auroit, ce semble, jamais attendu de ceux qui n'ont point été honorez de la révélation divine. Il dit, que non seulement il faut garder de la moderation en général, toutes les fois que nos passions sont excitées, mais qu'aussi à l'égard de celles qui sont les plus legitimes, les plus innocentes, & les plus loüables, nous ne devons point nous y abandonner aveuglément, & suivre toûjours leurs mouvemens; qu'il faut consulter la raison. Par exemple, les parens sont obligez de s'aimer les uns les autres. Cependant, comme leur amitié peut être trop foible, elle peut être aussi trop forte: &, à l'un & à l'autre égard, il y a sans doute du déréglement. Il est juste d'aimer son pere: mais si un pere a quelque défaut considérable, s'il a commis quelque grande faute, il est du devoir d'un fils de l'en avertir, & de lui dire ce qui lui peut être utile, en gardant toûjours un certain respect

dont

dont il ne doit jamais se départir. De-même, si un fils est tombé dans quelque péché, il est du devoir d'un pere de le censurer, & de lui donner là-dessus ses instructions. Que si leur amour est aveugle, si leur amour est une pure passion; si c'est la chair & le sang qui les font agir, cét amour est un amour déréglé. Pourquoi? parce qu'il se détourne de la régle de la droite raison.

Nous ferions grand tort au Lecteur, si nous ne parlions pas de l'Empereur *Yao*, dont on voit l'éloge dans l'ouvrage qui a fourni la matiére du nôtre. Jamais homme n'a pratiqué avec plus d'exactitude que lui, tous ces devoirs qui viennent d'être proposez par le Disciple de Confucius. On peut dire, si son portrait n'est point flatté, qu'il avoit un naturel fait pour la vertu. Il avoit le cœur tendre, mais magnanime & bien réglé. Il aimoit ceux qu'il étoit obligé d'aimer, mais c'étoit sans la moindre foiblesse. Il régloit, en un mot, son amour & toutes ses passions, par la droite raison.

Ce Prince parvint à l'Empire, 2357. ans avant Jesus-Christ; il régna cent ans: mais il régna avec tant de prudence, avec tant de sagesse, & avec tant de démonstrations de douceur & de bonté pour ses sujets, qu'ils étoient les plus heureux peuple de la terre.

Yao avoit toutes les excellentes qualitez qu'on peut désirer dans un Prince. Les richesses ne lui donnoient aucun orgeüil. Son extraction, qui étoit si noble & si illustre ne lui inspiroit aucun sentiment de fierté. Il étoit honnéte, sincére, doux, sans nulle affectation. Son Palais, sa table, ses habillemens, les meubles, faisoient voir la plus grande moderation qu'on ait jamais vûe. Il aimoit la Musique, mais c'étoit une Musique grave, une Musique modeste & pieuse; il ne detestoit rien tant que ces chansons où l'honnéteté & la pudeur sont blessées. Ce n'étoit point une humeur bizarre qui lui faisoit haïr ces sortes de chansons, c'étoit le désir qu'il avoit de se rendre, en toutes choses, agréable au Ciel. Ce n'étoit point non-plus l'avarice qui produisoit en lui cette moderation qu'il gardoit dans sa table, dans ses habillemens, dans ses meubles, & dans tout le reste, c'étoit uniquement l'amour qu'il avoit pour ceux qui étoient dans l'indigence; car il ne pensoit qu'à les soulager. C'est aussi sa grande piété, & cette charité ardente dont il brûloit, qui lui faisoient souvent proferer ces paroles admirables: *La faim de mon peuple est ma propre faim. Le péché de mon peuple est mon propre péché.*

L'an 72. de son regne il élût pour Collégue *Xun* qui gouverna l'Empire avec lui vingt-huit ans. Mais ce qu'il y eut de plus remarquable & qui merite les loüanges & les applaudissemens de tous les siécles, c'est que quoi-qu'il eut

eut un fils, il déclara qu'il vouloit que *Xun* en qui il voyoit beaucoup de vertu, une probité exacte, & une conduite judicieuse, fût son unique Successeur. Et comme on lui rapporta que son fils se plaignoit de ce que son pere l'avoit exclut de la Succession à l'Empire, il fit cette réponse, qui seule peut être la matiére d'un beau Panegyrique, & rendre sa memoire immortelle. *J'aime mieux que mon fils seul soit mal, & que tout mon peuple soit bien, que si mon fils seul étoit bien, & que tout mon peuple fût mal.*

Comme le principal but de Confucius, ainsi que nous l'avons déja dit, a été de proposer sa Doctrine aux Rois, & de la leur persuader, parce qu'il a cru, que s'il pouvoit leur inspirer des sentimens de vertu, leurs sujets deviendroient vertueux à leur exemple, *Cemçu* expliquant cette Doctrine s'étend fort sur les devoirs des Rois.

Il s'attache principalement à trois choses. 1. A faire voir qu'il est trés-important que les Rois se conduisent bien dans leur famille & dans leur Cour, parce que l'on ne manque point d'imiter leurs maniéres & leurs actions. 2. A leur persuader que la nécessité qu'il y a en général d'aquerir l'habitude de la vertu & d'en remplir les devoirs, en tous lieux & à toutes sortes d'égards. 3. A les engager à ne pas appauvrir le peuple, mais à faire tout pour son bien & pour sa commodité.

A l'égard du premier article, il se sert de plusieurs pensées que le livre des Odes lui fournit. Mais voici, en deux mots, ce qu'il dit de plus considérable. Si, dit-il, un Roi comme pere, témoigne de l'amour à ses enfans; si, comme fils, il est obéïssant à son pére: si en qualité d'aîné, il a de la bienveillance pour ses cadets, & vit en paix avec eux; si, comme cadet, il a du respect & des égards pour son aîné; s'il traite avec douceur ceux qui sont à son service; s'il est charitable, sur tout envers les veuves & les Orphelins; si, dis-je, un Roi s'aquite exactement de tout cela, son peuple l'imitera, & l'on verra par tout son Royaume, tout le Monde pratiquer la vertu. Les peres & les meres aimeront leurs enfans avec tendresse, & leur donneront une bonne éducation. Les enfans honoreront leurs peres & leurs meres & leur obéïront exactement. Les aînez agiront avec bonté envers leurs cadets, & les cadets auront de la considération & des égards pour leurs aînez, ou pour les autres personnes pour lesquelles, la bienséance veut qu'ils ayent du respect, comme, par exemple, pour les personnes avancées en âge. Enfin ceux qui auront du bien feront subsister quelques veuves, quelques Orphelins, quelques personnes infirmes: car il n'y a rien qui fasse plus d'impression sur les esprits des peuples, que les exemples de leurs Rois.

A

A l'égard du second article, où *Cemçu* exhorte en général à pratiquer la vertu, il allégue pour principe cette maxime, à laquelle Jesus-Christ lui-même semble rapporter toute la Morale ; *Faites à autrui ce que vous voudriez qu'on vous fit ; & ne faites pas à autrui ce que vous ne voudriez pas qui vous fût fait.*

Parmi ceux au milieu desquels vous vivez, dit le Disciple de Confucius, il y en a qui sont au dessus de vous, il y en a d'autres qui vous sont inferieurs, d'autres qui vous sont égaux ; il y en a qui vous ont précedé, il y en a qui doivent être vos Successeurs ; Vous en avez à vôtre main droite, vous en avez à vôtre main gauche. Faites reflexion, que tous ces hommes-là ont les mêmes passions que vous, & que ce que vous souhaitez qu'ils vous fassent, ou qu'ils ne vous fassent point, ils souhaitent que vous le leur fassiez, ou que vous ne le leur fassiez point. Ce que vous haïssez donc dans vos superieurs, ce que vous blâmez en eux, gardez-vous bien de le pratiquer à l'égard de vos inferieurs ; & ce que vous haïssez & blâmez dans vos inferieurs, ne le pratiquez point à l'égard de vos superieurs. Ce qui vous déplait dans vos predecesseurs, évitez-le, pour n'en donner pas l'exemple vous-même, à ceux qui viendront aprez vous. Et comme au cas que vous vinssiez à leur donner un tel exemple, vous devriez souhaiter qu'ils ne le suivissent point ; aussi vous-même ne ne ſuivez point les mauvais exemples de ceux qui vous ont précedé. Enfin ce que vous blamez dans ceux qui ſont à vôtre main droite, ne le pratiquez point à l'égard de ceux qui ſont à vôtre main gauche; & ce que vous blâmez à l'égard de ceux qui ſont à vôtre main gauche, gardez-vous de le pratiquer à l'égard de ceux qui ſont à vôtre main droite. Voilà, conclut *Cemçu*, de quelle maniére nous devons meſurer & régler toutes nos actions: & ſi un Prince en uſe de la ſorte, il arrivera que tous ſes ſujets ne ſeront qu'un cœur & qu'une ame, & qu'il devra être appellé plûtôt leur pere, que leur ſeigneur & leur maître. Ce ſera le moyen d'attirer les bénédictions & les faveurs du Ciel, de n'avoir rien à craindre, & de mener une vie douce & tranquille: car enfin, la vertu eſt la baſe & le fondement d'un Empire, & la ſource d'où découle tout ce qui le peut rendre floriſſant. C'eſt dans cette vûe qu'un Ambaſſadeur du Royaume de *Cu*, fit cette belle réponſe à un Grand du Royaume de *Cin* qui lui démandoit, ſi dans le Royaume de ſon Maître il y avoit de grandes richeſſes & des pierres précieuſes; *Il n'y a rien qu'on eſtime précieux dans le Royaume de Cu que la vertu.* Un Roi de *Ci*, fit à peu prés la même réponſe. Ce Prince venoit de traiter alliance avec le Roi de *Guei*, & le Roi de *Guei* lui ayant demandé, ſi dans ſon Royaume, il y avoit des pierres précieuſes, il répondit qu'il n'y n'y en avoit point. Quoi ! repartit ce Roi tout ſurpris, eſt-il poſſible que quoi-que mon Royaume ſoit plus petit que le vôtre, il s'y trouve pourtant une Eſcarboucle dont l'éclat eſt ſi grand, qu'il peut éclairer autant d'eſpace qu'il en faut pour douze Chariots, & que dans vôtre Royaume qui eſt beaucoup plus vaſte que le mien, il n'y ait point de ces pierres précieuſes ! *J'ai quatre Miniſtres*, repliqua la Roi de *Ci qui gouvernent avec une grande prudence les Provinces que je leur ai confiées : Voilà mes pierres précieuſes, elles peuvent éclairer mille ſtades.* Ce ne ſont pas les hommes ſeuls dans la Chine qui ont eſtimé la vertu, il y a eu des femmes qui l'ont regardée comme un bien d'un prix infini & preferable à tous les treſors. Une illuſtre Reine, appellée *Kiam*, qui régnoit 200. ans avant Confucius retira ſon mari du libertinage & de la débauche, par une action qui merite d'être immortaliſée. Comme elle voyoit que ce Prince aſſiſtoit continuellement à des repas de debauche, & qu'il s'abbandonnoit à toutes ſortes de voluptez, elle arracha un jour ſes pendans d'oreille & toutes les pierreries qu'elle portoit, & en cét état elle alla trouver le Roi, & lui dit ces paroles avec une émotion touchante. *Seigneur, eſt-il poſſible que la débauche & la luxure vous plaiſent ſi fort. Vous mépriſez la vertu; mais je l'eſtime infiniment plus que les pierres prétieuſes.* Elle s'étendit enſuite ſur ce ſujet, &

l'al'action & le discours de cette Princesse le toucherent si fort, qu'il renonça à ses desordres ; & s'addonna tout entier à la vertu & au soin de son Royaume, qu'il gouverna encore treize ans avec l'aplaudissement de tout le monde.

Enfin, à l'égard du dernier article, *Cemcu* représente aux Rois qu'ils ne doivent point fouler le peuple, ni par leurs impots, ni autrement ; que pour n'être pas obligez d'en venir là, il est nécessaire de choisir des Ministres capables, fidéles, vertueux, & par conséquent d'éloigner du manîment des affaires ceux qui en sont indignes, & qui par leurs cruautez, leur ambition & leur avarice, ne peuvent que porter un trés-grand préjudice à l'Etat. Il leur fait comprendre, qu'ils doivent diminüer, autant qu'il est possible, le nombre des Ministres, & de tous ceux qui vivent aux dépens du public ; tâcher de porter tout le monde au travail ; & faire en sorte que ceux qui gouvernent & dispensent les finances, le fassent avec toute la moderation possible. Les Princes, ajoûte-t-il, ne doivent jamais chercher leur interêt particulier ; ils ne doivent chercher que les interêts de leur peuple : pour être aimez & servis fidélement, ils doivent persuader à leurs Sujets, par leur conduite, qu'ils ne pensent qu'à les rendre heureux ; ce qu'ils ne leur persuaderont jamais, s'ils n'ont à cœur que leurs interêts particuliers, s'ils les foulent & les appauvrissent.

LIVRE SECOND.

CE second livre de Confucius, a été mis en lumiére par *Cusu* son petit fils. Il y est parlé de diverses choses, mais sur tout de cette belle mediocrité qu'il faût garder en toutes choses avec constance, entre le trop & le trop peu. Aussi ce livre a-t-il pour titre, *Chumyum*, c'est-à-dire, *Milieu perpetuel*, milieu gardé constamment.

Confucius enseigne d'abord, que tous les hommes doivent aimer cette mediocrité, qu'ils la doivent rechercher avec un soin extrême. Il dit que l'homme parfait tient toûjours un juste milieu, quoi qu'il entreprenne; mais que le méchant s'en éloigne toûjours, qu'il en fait trop, ou qu'il n'en fait pas assez. Lorsque la droite raison venüe du Ciel, ajoûte-t-il, a montré une fois à un homme sage le milieu qu'il doit tenir, il y conforme ensuite toutes ses actions, en tout tems, aussi bien dans l'adversité que dans la prosperité; il veille continuellement sur luimême, sur ses pensées, sur les mouvemens les plus cachez de son cœur, afin de se régler toûjours sur ce juste milieu, qu'il ne veut jamais perdre de vüë: mais les méchans n'étant retenus, ni par l'amour de la vertu, leurs passions déréglées les portent toûjours dans les extremitez.

Ce Philósophe ne peut assez admirer cette heureuse mediocrité, il la regarde comme la chose du monde la plus relevée, comme la chose du monde la plus digne de l'amour & de l'occupation des esprits les plus sublimes, comme le seul chemin de la vertu: & il se plaint, de ce que de tout tems il y a eu si peu de personnes qui l'ayent gardée: il en recherche même la cause. Il dit, que pour le regard des Sages du siécle, ils la negligent, & n'en font point de cas, parce-qu'ils s'imaginent qu'elle est au dessous de leurs grands desseins, de leurs projets ambitieux: & que pour les personnes grossiéres elles n'y parviennent que difficilement, ou parce qu'ils ne la connoissent point, ou parce que la difficulté qu'il y a à y parvenir les étonne & les décourage: & tout cela, ajoûte Confucius, arrive faute d'examen; car si l'on examinoit avec exactitude ce qui est bon en soi, l'on reconnoitroit que toutes les extremitez sont nuisibles, & qu'il n'y a que le milieu qui soit toûjours bon & utile.

Il allegue sur tout ceci l'exemple de l'Empereur *Xun*. Que la prudence de l'Empereur *Xun* a été grande, s'écrie-t-il, il ne se contentoit pas, dans l'administration des affaires de l'Etat, de son seul examen, de son jugement particulier, de sa prudence; il se servoit encore des conseils des moindres de ses sujets. Il demandoit même conseil sur les moindres choses, &

il

il se faisoit un devoir & un plaisir, d'examiner les réponses qu'on lui donnoit; quelque communes qu'elles parussent. Lors qu'on lui proposoit quelque chose, & qu'aprés un mûr examen, il s'étoit convaincu que ce qu'on lui proposoit, n'étoit pas conforme à la droite raison, il n'y acquiesçoit point, mais il représentoit, avec un cœur ouvert, ce qu'il y avoit de mauvais dans le conseil qu'on lui donnoit. Par ce moyen il faisoit que ses Sujets prénoient de la confiance en lui, & qu'ils s'accoûtumoient à lui donner, de tems-en-tems, des avertissemens avec liberté. Pour les conseils bons & judicieux, il les suivoit, il les loüoit, il les exaltoit; & par-là chacun étoit encouragé, à lui déclarer ses sentimens avec plaisir. Que si, parmi les conseils qu'on lui donnoit, il s'en trouvoit, qui fussent entiérement opposez les uns aux autres, il les examinoit attentivement, & aprez les avoir examinez, il prenoit toûjours un milieu, sur tout lors qu'il s'agissoit de l'interêt public.

Confucius déplore ici la fausse prudence, des gens de son tems. En effet, elle avoit fort dégéneré de la prudence des anciens Rois. Il n'y a, dit-il, à présent personne, qui ne dise, j'ai de la prudence, je sçai ce qu'il faut faire, & ce qu'il ne faut point faire. Mais parce qu'aujourd'hui, on n'a devant les yeux que son profit & sa commodité particuliére, il arrive qu'on ne pense point aux maux qui en peuvent provenir, aux perils auxquels ce gain & ce profit exposent, & que l'on ne s'apperçoit point du précipice. Il y en a qui connoissent parfaitement la Nature & le prix de la mediocrité, qui la choisissent pour leur régle, & qui y conforment leurs actions, mais qui ensuite, venant à se laisser surmonter par la paresse, n'ont pas la force de persister. Que sert à ces sortes de gens la connoissance & les résolutions qu'ils ont formées? Helas! il n'en étoit pas de même de mon Disciple *Hoeï*: il avoit un discernement exquis, il remarquoit toutes les différences qui se trouvent dans les choses, il choisissoit toujours un milieu, il ne l'abbandonnoit jamais.

Au-reste, ajoûte Confucius, ce n'est pas une chose fort facile à acquerir, que ce milieu que je recommande tant. Helas! il n'y a rien de si difficile; c'est une affaire qui demande de grands soins & de grands travaux. Vous trouverez des hommes qui seront capables de gouverner heureusement les Royaumes de la terre. Vous en verrez qui auront assez de magnanimité, pour réfuser les dignitez & les avantages les plus considérables: il y en aura même qui auront assez de courage pour marcher sur des épées toutes nuës: mais que vous en trouverez peu, qui soient capables de tenir un juste milieu! Qu'il faut d'adresse, qu'il faut de travail,

vail, qu'il faut de courage, qu'il faut de vertu, pour y parvenir.

Ce fut à l'occasion de cette morale, qu'un de ses Disciples, qui étoit d'une humeur guerriere & fort ambitieuse, lui demanda en quoi consistoit la valeur, & ce qu'il faloit faire pour mériter le nom de vaillant. Entendez vous parler, répondit Confucius, de la valeur de ceux qui sont dans le Midi, ou de la valeur de ceux qui habitent dans le Septentrion, ou bien de la valeur de mes Disciples, qui s'attachent à l'étude de la sagesse? Agir avec douceur dans l'éducation des enfans & des Disciples, avoir de l'indulgence pour eux; supporter patiemment leurs desobeïssances & leurs defauts, voila en quoi consiste la valeur des habitans du Midi. Par cette valeur ils surmontent leur temperament violent, & soûmettent à la droite raison leurs passions, qui sont ordinairement violentes. Coucher sans crainte dans un camp, reposer tranquillement, au milieu du terrible appareil d'une armée; voir devant ses yeux mille morts, sans s'effrayer; ne s'ennuyer point même de cette sorte de vie, s'en faire un plaisir: voilà ce que j'appelle la valeur des hommes du Septentrion. Mais comme d'ordinaire, il y a en tout cela beaucoup de temerité, & que le plus souvent on ne s'y regle gueres, sur ce milieu que tout le monde devroit rechercher, ce n'est point cette sorte de valeur que je démande

 de

de mes Disciples. Voici que doit être leur caractére.

Un homme parfait, (car enfin, il n'y a que les hommes parfaits, qui puissent avoir une véritable valeur,) un homme parfait doit toûjours être occupé, à se vaincre lui même. Il doit s'accommoder aux mœurs, & à l'esprit des autres; mais comme il doit être toûjours maître de son cœur, & de ses actions, il ne doit jamais se laisser corrompre, par la conversation ou les exemples des hommes lâches & effeminez, il ne doit jamais obéir, qu'il n'ait examiné auparavant ce qu'on lui commande; il ne doit jamais imiter les autres, sans discernement. Au milieu de tant d'insensez & de tant d'aveugles, qui marchent à travers champs, il doit marcher droit, & ne pancher vers aucun parti: c'est la véritable valeur. De plus, si ce même homme est appellé à la Magistrature, dans un Royaume où la vertu est considerée, & qu'il ne change point de mœurs, quelque grands que soient les honneurs, auxquels il est élevé; s'il y conserve toutes les bonnes habitudes, qu'il avoit lors qu'il n'étoit que particulier; s'il ne se laisse pas emporter à la vanité, & à l'orgeuil, cét homme-là est veritablement vaillant: *ah! que cette valeur est grande!* Que si au contraire, il est dans un Royaume, où la vertu & les Loix soient méprisées, & que dans la confusion & le desordre qui y regnent, il soit lui même pres-

pressé de la pauvreté, affligé, reduit même à perdre la vie, mais que cependant, au milieu de tant de miséres, il demeure ferme, il conserve toute l'innocence de ses mœurs, & ne change jamais de sentimens, *ah! que cette valeur est grande & illustre!* Au lieu donc de la valeur des pais Meridionaux, ou de celle du Septentrion, je demande, & j'attends de vous, mes chers Disciples, une valeur de la Nature de celle dont je viens de parler.

Voici quelque chose que dit Confucius, qui n'est pas moins remarquable. Il y a, dit-il, des gens qui passent les bornes de la médiocrité, en affectant d'avoir des vertus extraordinaires: ils veulent que dans leurs actions il y ait toûjours du merveilleux, afin que la posterité les loüe & les exalte. Certes, pour moi je ne m'entêterai jamais de ces actions éclattantes, où la vanité & l'amour propre ont toûjours plus de part que la vertu. Je ne veux sçavoir & pratiquer, que ce qu'il est à propos de sçavoir, & de pratiquer par tout.

Il y a quatre Régles, sur lesquelles l'homme parfait se doit conformer. 1. Il doit pratiquer lui même à l'égard de son pere, ce qu'il exige de son fils. 2. Il doit faire paroitre dans le service de son Prince, la même fidelité qu'il demande de ceux qui lui sont soûmis. Il doit agir, à l'égard de son aîné, de la même maniére qu'il veut que son cadet agisse à son égard. 4. En-

 fin,

fin, il en doit user envers ses amis, comme il souhaite que ses amis en usent envers lui. L'homme parfait s'acquite continüellement de ces devoirs, quelque communs qu'ils paroissent. S'il vient à s'appercevoir qu'il ait manqué en quelque chose, il n'est point en repos qu'il n'ait reparé sa faute; s'il reconnoit qu'il n'a pas rempli quelque devoir considérable, il n'y a point de violence qu'il ne se fasse pour le remplir parfaitement. Il est moderé & retenu dans ses discours, il ne parle qu'avec circonspection: s'il lui vient une grande affluence de paroles, il ne l'ose pas étaler, il s'arrete: en un mot, il est à lui même un si rigoureux censeur, qu'il n'est point en repos que ses paroles ne répondent à ses actions, & ses actions à ses paroles. Or le moyen, s'écrie-t-il, qu'un homme qui est parvenu à cette perfection n'ait une vertu solide & constante!

Cusu ajoute ici à la Doctrine de son Maître une Morale digne de la méditation de ceux qui désirent se perfectionner. L'homme parfait, dit ce digne Disciple d'un si grand Philosophe, l'homme parfait se conduit selon son état présent, & ne souhaite rien au delà. S'il se trouve au milieu des richesses, il agit comme un homme riche, mais il ne s'adonne pas aux voluptez illicites; il evite le luxe, il n'a nul orgueil, il ne choque personne. S'il est dans un état pauvre & contemtible, il agit comme doit

agir

agir un homme pauvre & méprisé; mais il ne fait rien d'indigne d'un homme grave, & d'un homme de bien. S'il est éloigné de son païs, il se conduit comme un étranger se doit conduire; mais il est toûjours semblable à lui même. S'il est dans l'affliction & dans les souffrances, il ne brave pas fierement son destin, mais il a de la fermeté & du courage; rien ne sçauroit ébranler sa constance. S'il est élévé aux Dignitez de l'Etat, il tient son rang, mais il ne traite jamais avec séverité ses inferieurs: & s'il se voit au dessous des autres, il est humble, il ne sort jamais du respect qu'il doit à ses superieurs; mais il n'achete jamais leur faveur par des lachetez & des flateries. Il employe tous ses soins à se perfectionner lui méme, & n'exige rien des autres avec sévérité: c'est pour cela qu'il ne témoigne du mécontentement ni de l'indignation à personne. S'il éleve les yeux vers le Ciel, ce n'est point pour se plaindre de ce qu'il ne lui envoye pas la prosperité, ou murmurer de ce qu'il l'afflige: s'il regarde en bas vers la terre, ce n'est point pour faire des reproches aux hommes, & leur attribuer la cause de ses malheurs & de ses nécessitez; c'est pour témoigner son humilité, c'est pour dire qu'il est toûjours content de son état, qu'il ne désire rien au delà, & qu'il attend, avec soûmission, & avec un esprit toûjours égal, tout ce que le Ciel ordonnera de luy. Aussi jouït-t-il d'une certaine tranquillité, qui ne ſçauroit être bien comparée, qu'au ſommet de ces montagnes, qui ſont plus élevées que la region, où ſe forment les foudres & les tempêtes.

Dans la ſuite de ce livre, il eſt parlé du reſpect profond que les anciens Chinois, & ſur tout, les Rois & les Empereurs, avoient pour leurs péres & pour leurs méres, & de l'obéïſſance exacte qu'ils leur rendoient. Si un Roi, diſoient-ils, a du reſpect pour ſon pére & pour ſa mére, & leur obéït, certainement il tachera de porter ſes Sujets à ſuivre ſon exemple; car enfin, un homme qui aime la vertu, deſire que tous les autres l'aiment auſſi, ſur tout s'il eſt de ſon intéret qu'ils ſoient vertueux: or il importe fort à un Roi, que ſes Sujets aiment la vertu & la pratiquent. En-effet, comment pourroit-il eſpérer d'être obéï de ſes Sujets, s'il refuſoit lui-même d'obeir à ceux qui lui ont donné le jour. Aprés tout, ſi un Prince ſouhaite de porter ſes Sujets a être obéïſſans à leurs peres & à leurs meres, il doit uſer envers eux de bienveuillance, & les traiter avec cette tendreſſe qu'ont les peres pour leurs enfans; car on imite volontiers ceux que l'on aime, & dont l'on croit être aimé. Que ſi ce Prince, par cette conduite, porte ſes Sujets à obéïr à leurs peres & à leurs meres, & enſuite à lui obéïr à lui-même, comme à leur pere commun, à plus forte raiſon obéïront-ils au Ciel, d'où viennent les couron-

nes

nes & les Empires; au Ciel, qui est le Pere souverain de tous les hommes. Et qu'arrivera-t-il de cette obeissance? Il arrivera que le Ciel répandra ses bénédictions, sur ceux qui s'en seront si bien aquitez. Il récompensera abondamment une si belle vertu, il fera régner par tout la paix & la concorde; si bien que le Roi & ses Sujets ne sembleront qu'une seule famille, où les Sujets obéïssant à leur Roi, comme à leur pere, & le Roi aimant ses Sujets, comme ses enfans, ils menéront tous, comme dans une seule maison, mais une maison riche, magnifique, réglée & commode, la vie la plus heureuse, & la plus douce que l'on puisse imaginer.

Pour retourner à Confucius, comme il sçavoit que les exemples des Rois font une grande impression sur les esprits, il propose encore celui de l'Empereur *Xun*, à l'égard de l'obéïssance que les enfans doivent à leurs peres, & à leurs méres. *O que l'obéïssance de cét Empereur a été grande!* S'écrie Confucius. Aussi, continüet-il, s'il a obtenu du Ciel la couronne Imperiale, c'est la récompense de cette vertu. C'est cette vertu qui lui a procuré tant de revénus, ces richesses immenses, & ces grands Royaumes qui n'ont pour bornes que l'Ocean. C'est cette vertu, qui a rendu par tout le Monde son nom si célébre. Enfin, je ne doute point que cette longue & douce vie, dont il a jouï, ne doive être regardée comme une récompense de

 cet-

cette vertu. A entendre parler ce Philosophe, ne diroit-on pas qu'il avoit lû le Décalogue, & qu'il sçavoit la promesse que Dieu y a faite, à ceux qui honoreront leur péres & leur méres. Mais si, par ce que vient de dire Confucius, il semble que le Décalogue ne lui fût pas inconnu, il semblera bien mieux qu'il connoissoit les Maximes de l'Evangile, lors qu'on aura vû ce qu'il enseigne touchant la charité, qu'il dit qu'il faut avoir pour tous les hommes.

Cét amour, dit-il, qu'il faut avoir pour tous les hommes du monde, n'est point quelque chose d'étranger à l'homme, c'est l'homme lui-même, ou, si vous voulez, c'est une propriété naturelle de l'homme, qui luy dicte qu'il doit aimer généralement tous les hommes. Cependant, aimer par dessus tous les hommes, son pere & sa mere, c'est son premier & principal devoir, de la pratique duquel il va ensuite, comme par degrez, à la pratique de cét amour universel, qui a pour objet tout le genre humain. C'est de cét amour universel que vient la justice distributive, cette justice, qui fait qu'on rend à chacun ce qui lui appartient, & que sur tout on cherit & honore les hommes sages, & d'une probité exacte, & qu'on les éleve aux Charges & aux Dignitez de l'Etat. Cette différence, qui est entre l'amour qu'on a pour son pere & pour sa mere, & celui que nous avons pour les autres, entre l'amour qu'on a pour les hom-

hommes vertueux & habiles, & celui qu'on a pour les hommes qui n'ont pas tant de vertu ni d'habileté; cette différence, dis-je, eſt comme une harmonie, comme une Symmetrie de devoirs que la raiſon du Ciel a gardée, & à laquelle il ne faut rien changer.

Confucius propoſe cinq Régles pour la conduite de la vie, qu'il appelle Régles univerſelles. La premiére regarde la juſtice qui doit être pratiquée entre un Roi & ſes Sujets; La ſeconde regarde l'amour qui doit être entre un pere & ſes enfans. La troiſiéme recommande la foi conjugale aux maris & aux femmes. La quatriéme concerne la ſubordination qui ſe doit trouver entre les aînez & les cadets. La cinquiéme oblige les amis à vivre dans la concorde, dans une grande union, & à ſe rendre office reciproquement. Voilà, ajoûte-t-il, les cinq Régles générales, que tout le monde doit obſerver; voilà comme cinq chémins publics, par leſquels les hommes doivent paſſer. Mais aprés tout, on ne peut obſerver ces Régles, ſi l'on n'a ces trois vertus, *la prudence*, qui fait diſcerner ce qui eſt bon d'avec ce qui eſt mauvais, *l'amour univerſel*, qui fait que l'on aime tous les hommes, & *cette fermeté* qui fait perſéverer conſtamment dans l'attachement au bien, & dans l'averſion pour le mal. Mais de peur que quelques perſonnes timides ou peu éclairées dans la Morale ne s'imaginaſſent, qu'il

leur

leur seroit impossible d'aquérir ces trois vertus, il assûre, qu'il n'y a personne qui ne les puisse aquerir, que l'impuissance de l'homme n'est que volontaire. Quelque grossier que soit un homme, quand même, dit-il, il seroit sans nulle expérience, si pourtant il désire d'apprendre, & qu'il ne se lasse point dans l'étude de la vertu, il n'est pas fort éloigné de la Prudence. Si un homme, quoi que tout plein encore de son amour propre, tache de faire de bonnes actions, le voilà déja tout prés de cét amour universel, qui engage à faire du bien à tous les hommes. Enfin, si un homme sent une secrette honte, lors qu'il entend parler de choses sales & injustes; s'il ne peut s'empécher d'en rougir, le voilà fort prés de cette fermété d'ame, qui fait rechercher avec constance le bien, & avoir de l'aversion pour le mal.

Aprés que le Philosophe Chinois a parlé de ces cinq Régles universelles, il en propose neuf particuliéres pour les Rois, parce qu'il regarde leur conduite, comme une source publique de bonheur ou de malheur. Les voici. 1. Un Roi doit travailler sans cesse à orner sa personne de toutes sortes de vertus. 2. Il doit honorer & cherir les hommes sages & vertueux. 3. Il doit respecter & aimer ceux qui lui ont donné la naissance. 4. Il doit honorer & estimer, ceux de ses Ministres qui se distinguent par leur habileté, & ceux qui exercent les principales Char-

ges

ges de la Magistrature. 5. Il doit s'accommoder, autant qu'il est possible, aux sentimens & à la volonté des autres Ministres, & de ceux qui ont des emplois un peu moins considérables, il les doit regarder comme ses membres. 6. Il doit aimer son peuple, même le petit peuple, comme ses enfans propres, & prendre part aux divers sujets de joye ou de tristesse, qu'il peut avoir, 7. Il doit tâcher de faire venir dans son Royaume plusieurs habiles ouvriers en toutes sortes d'Arts, pour l'avantage & la commodité de ses Sujets. 8. Il doit recevoir avec bonté & civilité les étrangers & les voyageurs, & les protéger exactement. 9. Enfin, il doit aimer tendrement les Princes, & les Grands de son Empire, & avoir si fort à cœur leurs intérets, qu'ils l'aiment & lui soient toûjours fidéles.

Pour bien entendre la Morale de Confucius, il est nécessaire de dire ici un mot de la distinction qu'il établir entre le *Saint* & le *Sage*. Il attribüe à l'un & à l'autre, en commun, certaines choses: mais aussi il donne au *Saint* des avantages & des qualitez, qu'il dit que le Sage n'a point. Il dit que la raison & que l'innocence, ont été également communiquées au *Sage* & au *Saint*, & même à tous les autres hommes; mais que le *Saint* ne s'est jamais détourné, tant soit peu, de la droite raison, & qu'il a conservé constamment son integrité, au lieu que le *Sage* ne l'a pas toûjours conservée, n'ayant pas toûjours

jours suivi la lumiére de la raison, à cause de divers obstacles qu'il a rencontré dans la pratique de la vertu, & sur tout, à cause de ses passions, dont il s'est rendu l'esclave. De sorte qu'il est nécessaire, qu'il fasse de grands efforts, qu'il employe de grands travaux & de grands soins, pour mettre son cœur dans un bon état, & se conduire selon les lumiéres de la droite raison, & les régles de la vertu.

Cusu raisonnant là-dessus, pour faire encore mieux entendre la Doctrine de son Maître, compare ceux qui ont perdu leur premiére integrité, & qui désirent la recouvrer, à ces arbres tout secs & presque morts qui ne laissent pas pourtant d'avoir, dans le tronc & dans les racines, un certain suc, un certain principe de vie, qui fait qu'ils poussent des rejettons. Si, dit-il, on a soin de ces arbres, si on les cultive, si on les arrose, si on en retranche tout ce qui est inutile, il arrivera que cét arbre reprendra son premier êtat. De même, quoique l'on ait perdu sa premiere integrité, & son innocence, l'on n'a qu'à exciter ce qui reste de bon, qu'à prendre de la peine, qu'à travailler; & infailliblement l'on parviendra à la plus haute vertu. Ce dernier état, dit *Cusu*, cét état du *Sage* s'appelle *Gintao*, c'est-à-dire, *le chemin, & la raison de l'homme*, ou bien, le chemin qui conduit à l'origine de la premiére perfection. Et l'état du *Saint*, s'appelle *Tien tao*,

c'estc'est-à-dire, *la raison du Ciel*, ou la premiere Régle que le Ciel a donnée également à tous les hommes, & que les *Saints* ont toûjours observée, sans s'en détourner, ni à droite ni à gauche.

Comme les Régles contiennent en abregé les principaux devoirs, & qu'on peut les retenir aisément, Confucius en donne cinq à ceux qui veulent choisir le bien, & s'y attacher. 1. Il faut tacher de connoitre, d'une maniére exacte & étenduë, les causes, les proprietez, & les différences de toutes choses. 2. Parce que parmi les choses que l'on connoit, il y en peut avoir que l'on ne connoit pas parfaitement, il les faut examiner avec soin, les considerer en detail & dans toutes leurs circonstances, & enfin consulter les hommes sages, intelligens & experimentez. 3. Quoi qu'il semble que nous concevions clairement certaines choses, néanmoins parce qu'il est aisé de pécher, par précipitation, dans le trop, ou dans le trop peu, il est nécessaire de méditer ensuite en particulier, sur les choses que l'on croit connoître, & de péser chaque chose au poids de la raison, avec toute l'attention d'esprit dont on est capable, avec la derniére exactitude. 4. Il faut tâcher de ne conçevoir pas les choses, d'une maniére confuse, il faut en avoir des idées claires, en sorte que l'on puisse discerner surement le bien d'avec le mal, le vray d'avec le faux. 5. Enfin,

fin, aprés qu'on aura observé toutes ces choses, il en faut venir à l'action, agir sincérement & constamment, & executer, de toutes ses forces, les bonnes résolutions que l'on aura prises.

Nous ne sçaurions mieux finir ce livre, que par ces belles paroles de *Cusu*: Prenez garde, dit-il, comment vous agissez, lors que vous étes seul. Quoi que vous vous trouviez dans l'endroit le plus réculé, & le plus caché de vôtre maison, vous ne devez rien faire, dont vous pûssiez avoir honte, si vous étiez en compagnie & en public. Voulez-vous, continue-t-il, que je vous die de quelle maniére se conduit celui qui a aquis quelque perfection. Il a une attention continuelle sur lui-même; il n'entreprend rien, il ne commence rien, il ne prononce aucune parole, qu'il n'ait auparavant médité. Avant qu'il s'éléve aucun mouvement dans son cœur, il s'observe avec soin, il réflêchit sur tout, il examine tout, il est dans une continuëlle vigilance. Avant que de parler, il est convaincu que ce qu'il va dire est vrai & raisonnable, & il croit qu'il ne sçauroit retirer un plus doux fruit de sa vigilance, & de son examen, que de s'accoûtumer à se conduire avec circonspection, & avec retenuë, dans les choses mêmes qui ne sont vûës ni sçûës de personne.

LIVRE TROISIEME.

LE troisiéme Livre de Confucius est de tout autre caractére que les deux précedens, pour le tour & les expressions; mais dans le fond il contient la même Morale. C'est un tissu de plusieurs Sentences prononcées en divers tems & en divers lieux, par Confucius lui-même & par ses Disciples. Aussi est-il intitulé *Lün yù*, c'est-à-dire, *Entretiens de plusieurs personnes qui raisonnent, & qui philosophent ensemble*.

On y voit d'abord un Disciple de ce célébre Philosophe, qui déclare, qu'il ne se passe point de jour qu'il ne se rende conte à lui même de ces trois choses. 1. S'il n'a point entrepris quelque affaire pour autrui, & s'il l'a conduite & poursuivie avec la même fidelité & avec la même ardeur, que si ç'eut été son affaire propre. 2. Si lors qu'il a été avec ses amis, il leur a parlé avec sincerité; s'il ne s'est point contenté de leur faire paroître, quelque vaine apparence de bienveillance & d'estime. 3. S'il n'a point médité la Doctrine de son Maître, & si aprés l'avoir méditée, il n'a pas fait, pour la mettre en pratique, tous les efforts dont il est capable.

Confucius y paroit ensuite, donnant des leçons à ses Disciples. Il leur dit, que le Sage doit

doit être si occupé de sa vertu, que lors même qu'il est dans sa maison, il n'y doit pas chercher ses commoditez & ses délices; que quand il entreprend quelque affaire, il doit être diligent & exact, prudent & avisé dans ses paroles, & que quoi qu'il ait toutes ces qualitez, il doit être pourtant celui à qui il doit se fier le moins; celui à qui il doit le moins plaire; qu'en un mot, le Sage, se défiant toûjours de soi-même, doit consulter toûjours, ceux dont la vertu & la sagesse lui sont connuës, & régler sa conduite & ses actions sur leurs conseils & sur leurs exemples.

Que pensez-vous d'un homme pauvre, lui dit un de ses Disciples, qui pouvant soulager sa pauvreté par la flaterie, refuse de prendre ce parti, & soûtient hardiment qu'il n'y a que les lâches qui flatent? Que pensez-vous d'un homme riche, qui tout riche qu'il est, est sans orgueil? Je dis, répond Confucius, qu'ils sont tous deux dignes de loüange, mais qu'il ne faut pas pourtant les regarder, comme s'ils étoient parvenus au plus haut degré de la vertu. Celui qui est pauvre doit être joyeux & content au milieu de son indigence; Voilà en quoi consiste la vertu du pauvre: & celui qui est riche doit faire du bien à tout le monde. Celui, continue-t-il, qui a le cœur bas & mal fait, ne fait du bien qu'à certaines personnes; certaines passions, certaines amitiez particulieres le font agir,

agir, son amitié est interessée: il ne seme ses biens que dans la vûe d'en receuillir plus qu'il n'en séme; il ne cherche que son propre intérest: Mais l'amour de l'homme parfait est un amour universel, un amour qui a pour objet tous les hommes. Un soldat du Royaume de *Cî*, lui disoit-on un jour, perdit son bouclier, & l'ayant cherché long-tems inutilement, il se consola enfin, par cette reflexion, de la perte qu'il avoit faite. *Un soldat a perdu son bouclier, mais un soldat de nôtre camp l'aura trouvé, il s'en servira.* Il auroit bien mieux parlé, dit alors Confucius, s'il eut dit, *un homme a perdu son bouclier, mais un homme le trouvera*; voulant donner à entendre qu'il faloit avoir de l'affection pour tous les hommes du Monde.

Confucius avoit l'ame tendre, comme on en peut juger, par ce que nous venons de dire, mais il l'avoit grande & élevée. Les anciens Chinois enseignoient, qu'il y avoit deux Genies qui presidoient dans leurs maisons, l'un appellé *Ngao* & l'autre *Cao*. Le premier étoit regardé comme le Dieu tutelaire, de toute la famille, & le dernier n'étoit que le Dieu du Foyer. Cependant, quoi que le dernier de ces Genies fût fort inferieur au premier, on luy rendoit de plus grands honneurs, qu'à celui qui avoit sous sa protection toutes les affaires domestiques: & il y avoit même un Proverbe qui disoit, *qu'il valoit mieux rechercher la pro-*

tection de Cao, que celle de Ngao. Comme cette préference avoit quelque chose de fort singulier, & qu'elle sembloit même choquer, en quelque maniére, ceux qui étoient élevez aux grandeurs, dans les Cours des Princes; Confucius étant dans le Royaume de *Guéi*, & se rencontrant un jour avec un Prefet, qui avoit une grande autorité dans ce Royaume, ce Ministre, enflé de l'éclat de sa fortune, ayant crû que le Philosophe avoit dessein d'obtenir quelque faveur du Roi, lui démanda, par maniére de raillerie, ce que signifioit ce Proverbe, qui étoit dans la bouche de tout le peuple, *il vaut mieux rechercher la protection de Cao, que celle de Ngao.* Confucius qui vid bien d'abord, que le Prefet lui vouloit faire comprendre, par cette question, qu'il devoit s'adresser à lui, s'il vouloit obtenir ce qu'il désiroit du Roi son Maître, qui en même tems fit cette reflexion, que pour gagner les bonnes graces du favori d'un Prince, il faut encenser jusqu'à ses defauts, & s'abbaisser à des complaisances indignes d'un Philosophe, lui dit, sans detour, qu'il étoit entiérement éloigné des maximes du siécle; qu'il ne s'adresseroit point à lui, de quelque adresse qu'il se fût servi, pour lui faire connoître qu'il le devoit faire: & pour l'avertir en même tems, que quand il répondroit à sa question, de la maniére qu'il le pourroit souhaiter, il n'en pourroit tirer aucun avantage, il lui dit, *que celui qui*

avoit

avoit peché contre le Ciel, ne s'adressoit qu'au Ciel : car ajouta-t-il, *à qui se pourroit-il adresser pour obtenir le pardon de son crime, puis qu'il n'y a aucune Divinité qui soit au dessus du Ciel.*

Confucius ne recommande rien tant à ses Disciples, que la douceur & la debonnaireté ; fondé toûjours sur cette Maxime, que l'on doit aimer tous les hommes. Et pour leur faire mieux sentir la verité de ce qu'il leur dit, il leur parle de deux illustres Princes, qui s'étoient fait distinguer par cét endroit là dans le Royaume de *Cucho*. Ces Princes, leur dit-il, étoient si doux & si debonnaires, qu'ils oublioient, sans se faire effort, les injures les plus atroces, & les crimes pour lesquels ils avoient le plus d'horreur, lorsque ceux qui les avoient commis donnoient quelque marque de repentance. Ils regardoient ces criminels, tout dignes des derniers supplices qu'ils étoient, de la même maniére que s'ils eussent été toûjours innocens ; ils n'oublioient pas seulement leurs fautes, mais par leur procedé, ils faisoient que ceux qui les avoient commises, pouuoient les oublier eux mêmes, en quelque façon, & perdre une partie de la honte qui demeure aprés les grandes chûtes, & qui ne peut que décourager, dans le chemin de la vertu.

Comme l'un des grands desseins de ce Philosophe étoit de former les Princes à la vertu, & de leur enseigner l'art de Regner heureusement,

 il

il ne faisoit pas difficulté de s'adresser directement à eux, & de leur donner des avis. Un Prince, disoit-il un jour à un Roi de *Lu* appellé *Timcum*, un Prince doit être moderé, il ne doit mépriser aucun de ses Sujets, il doit récompenser ceux qui le méritent. Il y a des Sujets qu'il doit traiter avec douceur & d'autres avec sévérité; il y en a sur la fidelité desquels il se doit reposer, mai. il y en a aussi, dont il ne sçauroit se défier assez.

Confucius veut même que les Princes ne souhaitent rien de ce que les autres hommes souhaitent, quoy que ce soient quelquefois des biens, qu'il semble qu'ils pourroïent désirer sans crime. Il veut qu'ils foulent aux piés, pour ainsi dire, tout ce qui peut faire la félicité des mortels sur la terre; & que sur tout ils regardent les richesses, les enfans, & la vie même, comme des avantages qui ne font que passer, & qui par conséquent ne peuvent pas faire la félicité d'un Prince. L'Empereur *Yao*, dit ce Philosophe, s'étoit conduit par ces Maximes, & sous la conduite d'un si bon guide, il étoit parvenu à une perfection où peu de mortels peuvent atteindre: car on peut dire, qu'il ne voyoit au dessus de lui que le Ciel, auquel il s'étoit entiérement conformé. Ce Prince incomparable, ajoûta-t-il, visitoit, de tems en tems, les Provinces de son Empire; & comme il étoit les délices de son peuple, un jour ayant été rencontré par une trou-

troupe de ses Sujets, ces Sujets, aprés l'avoir appellé leur Empereur & leur pére, & avoir fait éclater toute leur joye, à la vûe d'un si grand Prince, s'écriérent à haute voix, pour joindre des vœux à leurs acclamations, *Que le Ciel te comble de richesses! qu'il t'accorde une famille nombreuse! & qu'il ne te ravisse à ton peuple, que tu ne sois rassasié de jours! Non*, répondit l'Empereur, poussez d'autres vœux vers le Ciel. *Les grandes richesses produisent les grands soins & les grandes inquiétudes: le grand nombre d'enfans produit les grandes craintes: & une longue vie n'est ordinairement qu'une longue suite de maux.* Qu'il se trouve peu d'Empereurs qui soient semblables à *Yao*, s'écrie aprés cela Confucius.

Ce qui fait ordinairement de la peine aux Rois, ce qui redouble, en quelque maniere, le poids du fardeau qui est attaché à leur couronne, c'est ou le peu de Sujets sur lesquels ils regnent, ou le peu de richesses qu'ils possedent: car enfin tous les Rois ne sont pas de grands Rois, tous les Rois n'ont pas de vastes Royaumes, & des richesses excessives. Mais Confucius croit, qu'un Roi est trop ingenieux à se tourmenter, lors que ces réflexions sont capables de lui causer la moindre tristesse. Il dit qu'un Roi a assez de Sujets, lors que ses Sujets sont contens; & que son Royaume est assez riche, lorsque la concorde & la paix y regnent.

La paix & la concorde, dit ce Philosophe, *sont les meres de l'abondance.*

Enfin Confucius enseigne, en parlant toûjours des devoirs des Princes, qu'il est si nécessaire qu'un Prince soit vertueux, que lors qu'il ne l'est point, un Sujet est obligé par les Loix du Ciel, de s'exiler volontairement, & d'aller chercher une autre Patrie.

Il se plaint quelquefois des desordres des Princes; mais le grand sujet de ses plaintes, est les desordres des particuliers. Il soûpire des mœurs de son siécle; il dit, qu'il ne voit presque personne qui se distingue, ou par la vertu, ou par quelque qualité extraordinaire; que tout est corrompu, que tout est gâté, & que c'est principalement parmi les Magistrats & les Courtisans que la vertu est négligée. Il est vrai que Confucius semble quelquefois outrer les choses. En effet, c'étoit peu pour ce Philosophe, lors qu'il ne se trouvoit dans la Cour d'un Prince, que dix ou douze personnes d'une sagesse éclatante; Il crioit, *ô tems, ô mœurs!* il gemissoit. Sous le regne de *Vuvam*, il y avoit dix hommes d'une vertu & d'une suffisance consommées, sur lesquels cét Empereur se pouvoit reposer de toutes les affaires de l'Empire : cependant Confucius se récrioit sur un si petit nombre, en disant, que les grands dons, la vertu & les qualitez de l'esprit, étoient des choses fort rares dans son siécle. Il avoit fait les mêmes plaintes à l'égard de l'Eml'Empereur *Zun*, le premier de la famille de *Chen*, quoy que ce Prince eut alors cinq Prefets, du merite desquels l'on peut juger par l'histoire de l'un de ces Ministres, qui étoit appellé *Yu*.

Ce Sage Ministre a rendu sa mémoire immortelle parmi les Chinois, non seulement parce que ce fût lui, qui trouva le secret d'arrêter ou de détourner les eaux qui inondoient tout le Royaume, & qui le rendoient presque inhabitable, mais parce qu'étant devenu Empereur, il vêcut toûjours en Philosophe. Il étoit d'une famille illustre; car il pouvoit conter des Empereurs parmi ses Ayeux? Mais si par la décadence de sa maison, il étoit déchu des pretentions qu'il pouvoit avoir sur l'Empire, sa sagesse & sa vertu, lui aquirent ce que la fortune avoit refusé à la noblesse de son extraction. l'Empereur *Run* avoit si bien reconnu son merite, qu'il l'associa à l'Empire: & dix-sept ans aprés, il le déclara son legitime Successeur, à l'exclusion de son propre fils. *Yu* refusa cét honneur; mais comme il s'en défendoit en vain, & que sa générosité souffroit, dans les pressantes sollicitations qui lui étoient faites de toutes parts, il se déroba aux yeux de la Cour, & alla chercher une retraite dans une caverne: mais n'ayant pû se cacher si bien qu'il ne fut enfin decouvert dans les rochers de sa solitude, il fut élevé malgré lui sur le trône de ses Ancêtres. Jamais trône n'a été plus accessible que celuy de ce Prince jamais Prince n'a été plus affable. On dit qu'il quita un jour jusqu'à dix fois son repas, pour voir les requêtes qu'on lui présentoit, ou écouter les plaintes des misérables; & qu'il quittoit même ordinairement son bain, lors qu'on lui demandoit audience. Il regna dix ans avec tant de bonheur, avec tant de tranquilité, & dans une si grande abondance de toutes choses, qu'on peut dire certainement de ce siécle, que c'étoit un siécle d'or. *Yu* avoit cent ans lors qu'il mourut; & il mourut, comme il avoit vécu: car preferant les intérets de l'Empire aux intérets de sa famille, il ne voulut pas que son fils luy succedât, il donna la couronne à un de ses Sujets, dont la vertu luy étoit connüe. Un Prince est heureux, sans doute, lors qu'il peut quelquefois se decharger des soins qui l'accablent sur un tel Ministre: & *Zun* ne pouvoit que l'être, puis qu'il en avoit cinq tout à la fois tous, dignes d'être assis sur le trône: mais ce nombre n'étoit pas assez grand pour Confucius, c'est ce qui le faisoit soupirer.

Confucius dit qu'un Prince ne doit jamais accepter la couronne au préjudice de son pére, quelque indigne que son pére en soit; que c'est un des plus grands crimes dont un Prince puisse être capable: & cela lui donne occasion de faire deux petites histoires qui sont admirablement à son sujet.

Lim-

Limcum, dit ce Philoſophe, étoit un Roi de Guéi qui ſe maria en ſecondes noces. Comme la chaſteté n'eſt pas toûjours le partage des Princeſſes, la Reine eut des commerces illegitimes, avec un des Grands de ſa Cour: & cela ne s'étant pas fait avec ſi peu d'éclat, qu'un des fils du premier lit de *Limcum* n'en eut connoiſſance, ce jeune Prince, jaloux de l'honneur de ſon pére, en eut tant de reſſentiment, qu'il fit deſſein de tüer la Reine, il ne cacha pas même ſon deſſein. L'adroite & criminelle Princeſſe, qui ſe vit découverte, & qui avoit beaucoup d'aſcendant ſur l'eſprit de ſon vieux Epoux, allégua des raiſons ſi plauſibles, pour faire croire qu'elle étoit innocente, que ce pauvre Prince, loin d'ouvrir les yeux à la verité, exila ſon fils: Mais comme les enfans ne ſont pas coupables des crimes des péres, il retint *Ché* auprés de lui: c'étoit le fils du Prince diſgracié. *Limcum* mourut quelque tems aprés. Le peuple rappella le Prince que les deſordres de la Reine avoient fait bannir: & il alloit recevoir la Couronne, mais ſon lache fils s'y oppoſa, alleguant que ſon pére étoit un parricide: il leva des armées contre lui, & ſe fit proclamer Roi par le peuple.

Les fils d'un Roi de *Cucho*, continue-t-il, n'en uſerent pas de cette maniére; voici un exemple memorable. Ce Roi, dont nous ferons en deux mots l'hiſtoire, eut trois fils: & comme me les péres, ont quelquefois plus de tendresse pour les plus jeunes de leurs enfans, que pour les autres, celui-ci en eut tant pour le dernier que le Ciel lui avoit donné, que quelques jours avant que de mourir, il le nomma pour son Successeur, à l'exclusion de ses autres fréres. Ce procédé étoit d'autant plus extraordinaire, qu'il étoit contraire aux Loix du Royaume. Le peuple crût, aprés la mort du Roi, qu'il pouvoit entreprendre sans crime, d'élever sur le trône l'aîné de la famille Royale. Cela s'exécuta comme le peuple l'avoit projetté: & cette action fut généralement approuvée. Il n'y eut que le nouveau Roi, qui se ressouvenant des derniéres paroles de son pére, n'y voulut jamais donner les mains. Ce généreux Prince prît la Couronne qu'on lui présentoit, la mit sur la tête de son jeune frére, & déclara hautement qu'il y renonçoit, & que même il s'en croyoit indigne, puis qu'il en avoit été exclus par la volonté de son pére, & que son pére ne pouvoit plus retracter ce qu'il avoit dit. Le frére, touché d'une action si héroique, le conjura dans le moment, de ne s'opposer pas à l'inclination de tout un peuple qui désiroit qu'il regnat sur lui. Il lui allégua que c'étoit lui seul, qui étoit le legitime Successeur de la Couronne qu'il méprisoit; que leur pére ne pouvoit pas violer les loix de l'Etat; que ce Prince s'étoit laissé surprendre à une trop grande tendresse, & qu'en un mot, c'éc'étoit, en quelque maniére, aux peuples à redreſſer les loix de leurs Rois, lors qu'elles n'étoient pas équitables. Mais rien ne fut capable de lui perſuader qu'il pouvoit s'oppoſer aux volontez de ſon pére. Il y eut, entre ces deux Princes, une loüable Conteſtation ; aucun ne voulut prendre la Couronne : & comme ils virent bien l'un & l'autre, que cette conteſtation dureroit long-tems, ils ſe retirerent de la Cour ; & vaincus & victorieux tout enſemble, ils allerent finir leurs jours dans le repos d'une ſolitude, & laiſſerent le Royaume à leur frere. Ces Princes, ajoute-t-il, cherchoient la vertu ; mais ils ne la cherchérent pas en vain, ils la trouverent.

Il fait, de tems-en-tems, de petites hiſtoires de cette nature, où l'on voit éclater par tout une générosité Héroïque. On y voit les femmes du peuple, & même de grandes Princeſſes, qui aiment mieux ſe laiſſer mourir, ou ſe donner la mort de leurs propres mains, que d'être expoſées aux violences de leurs raviſſeurs. On y voit des Magiſtrats ſe démettre des plus grands emplois, pour fuïr les deſordres de la Cour ; des Philoſophes cenſurer les Rois ſur leur Trône, & des Princes qui ne font pas difficulté de vouloir mourir, pour appaiſer la colére du Ciel, & procurer la paix à leurs peuples.

Aprez cela Confucius enſeigne de quelle maniére on doit enſevelir les morts : & comme ce-

cela se faisoit de son tems, avec beaucoup de magnificence, il blame dans les pompes funébres, tout ce qui sent tant soit peu l'ostentation, & le blame même d'une maniére assez aigre. En effet, un de ses Disciples étant mort, & ce Disciple ayant été enseveli avec la magnificence ordinaire, il s'écria dés qu'il le sçût. *Lors que mon Disciple vivoit il me regardoit comme son pére, & je le regardois comme mon fils: mais aujourd'hui le puis je regarder comme mon fils, il a été enseveli comme les autres hommes.*

Il défend de pleurer les morts avec excez, & si, forcé par sa propre douleur, il a versé des larmes pour ce même Disciple, il avoüe qu'il s'est oublié; qu'à la verité, les grandes douleurs n'ont point de bornes, mais que le Sage ne doit point être surmonté par la douleur; que c'est une foiblesse en lui, que c'est un crime.

Il donne de grandes loüanges à quelques uns de ses Disciples, qui, au milieu de la plus grande pauvreté, étoient contens de leur destinée, & contoient pour de grandes richesses les Vertus naturelles qu'ils avoient reçûes du Ciel.

Il declame contre l'orgeuil, contre l'amour propre, contre l'indiscretion, contre la ridicule vanité de ceux qui affectent de vouloir être Maîtres par tout, contre ces hommes remplis d'eux mêmes qui pronent à tous momens leurs actions, contre les grands parleurs: & faisant en-

ensuite le portrait du Sage, par opposition à ce qu'il vient de dire, il dit que l'humilité, la modestie, la retenuë & l'amour du prochain, sont des vertus qu'il ne sçauroit negliger un moment, sans sortir de son Caractere.

Il dit qu'un homme de bien ne s'afflige jamais, & qu'il ne craint rien; qu'il méprise les injures, qu'il n'ajoute jamais foi à la médisance; qu'il n'écoute pas même les rapports.

Il soûtient que les supplices sont trop frequens; que si les Magistrats étoient gens de bien, les méchans conformeroient leur vie à la le..r, & que si les Princes n'élevoient aux Dignitez que des personnes distinguées par leur probité & par une vie exemplaire, tout le monde s'attacheroit à la vertu, parce que les grandeurs, étant des biens que tous les hommes désirent naturellement, chacun voulant les posseder, chacun tâcheroit de s'en rendre digne.

Il veut qu'on fuye la paresse; qu'on soit composé, qu'on ne précipite point ses réponses; & que se mettant au dessus de tout, on ne se fasse jamais une peine, ou de ce que l'on est méprisé, ou de ce que l'on n'est point connu dans le Monde.

Il compare les hypocrites à ces sçelerats, qui pour mieux cacher leurs desseins aux yeux des hommes, paroissent sages & modestes pendant le jour, & qui à la faveur de la nuit volent les maisons, & exercent les plus infames brigandages.

Il

Il dit que ceux qui font leur Dieu de leur ventre, ne font jamais rien qui soit digne de l'homme; que ce sont plûtôt des brutes que des Créatures raisonnables: & revenant à la conduite des Grands, il remarque fort bien, que leurs crimes sont toûjours plus grands que les crimes des autres hommes. *Zam*, le dernier Empereur de la famille de *Cheu*, dit Confucius à cette occasion, avoit eu une conduite fort irreguliere. Mais quelque irreguliere que fût sa conduite, les desordres de cét Empereur n'étoient pourtant que les desordres de son siécle. Cependant, dés qu'on parle de quelque action lâche, de quelque action criminelle & infame, on dit que c'est le crime de *Zam*. En voici raison, *Zam étoit méchant, & Empereur*.

Confucius dit une infinité d'autres choses de cette nature, qui regardent la conduite de toutes sortes d'hommes: mais comme la plûpart de choses qu'il dit, ou que ses Disciples disent, sont des sentences & des Maximes, ainsi que nous l'avons déja fait sentir, en voici quelques-unes des plus considérables.

MAXIMES.

I.

TRavaille à imiter les Sages, & ne te rebute jamais, quelque penible que soit ce travail : si tu peux venir à tes fins : le plaisir que tu goûteras te dedommagera de toutes tes peines.

II.

Lors que tu travailles pour les autres, travaille avec la même ardeur que si tu travaillois pour toi-même.

III.

La vertu, qui n'est point soûtenuë par la gravité, n'acquiert point d'autorité parmi les hommes.

IV.

Souvien-toi toûjours que tu es homme, que la Nature humaine est fragile, & que tu peux aisément succomber, & tu ne succomberas jamais. Mais, si venant à oublier ce que tu es, il t'arrive de succomber, ne perds pas courage pourtant : souvien-toi que tu te peux relêver ; qu'il ne tient qu'à toi de rompre les liens qui t'attachent au crime, & de surmonter les obstacles, qui t'empêchent de marcher dans le chemin de la vertu.

V.

Prens garde si ce que tu promets est juste ; car aprés que l'on a promis quelque chose, il n'est point permis de se retracter : on doit toûjours tenir sa promesse.

VI.

Lors que tu fais hommage à quelqu'un, fai que tes soûmissions soient proportionnées à l'hommage que tu lui dois : il y a de la grossiereté & de l'orgeuil à n'en faire pas assez : mais il y a de la bassesse à en faire trop, il y a de l'hypocrisie.

VII.

Ne mange pas pour le plaisir que tu peux trouver à manger. Mange pour reparer tes forces ; mange pour conserver la vie que tu as reçue du Ciel.

VIII.

Travaille à purifier tes pensées : si tes pensées ne sont point mauvaises, tes actions ne le seront point.

IX.

Le Sage goûte une infinité de plaisirs ; car la vertu a ses douceurs au milieu des duretez qui l'environnent.

X.

Celui qui dans ses études, se donne tout entier au travail, & à l'exercice, & qui néglige la méditation, perd son tems : mais aussi celui qui s'applique tout entier à la méditation & qui né-

néglige le travail & l'exercice, ne peut que s'égarer & se perdre. Le premier ne sçaura jamais rien d'exact, ses lumiéres seront toûjours mêlées & de ténébres & doutes; & le dernier ne poursuivra que des ombres; sa science ne sera jamais sûre, elle ne sera jamais solide. Travaille, mais ne néglige pas la méditation. Medite, mais ne néglige pas le travail.

XI.

Un Prince doit punir le crime, de peur qu'il ne semble le soûtenir: mais cependant il doit contenir son peuple dans le devoir, plûtôt par des effets de clemence, que par des menaces & des supplices.

XII.

Ne manque jamais de fidélité à ton Prince: Ne lui cache rien de ce qu'il est de son interet de sçavoir; & ne trouve rien de difficile, lors qu'il s'agira de lui obeïr.

XIII.

Lors qu'on ne peut apporter à un mal aucun reméde: il est inutile d'en chercher. Si par tes avis & tes remontrances, tu pouvois faire que ce qui est déja fait, ne le fût point, ton silence seroit criminel: mais il n'y a rien de plus froid qu'un conseil, dont il est impossible de profiter.

XIV.

La pauvreté & les miséres humaines sont des

maux en soi, mais il n'y a que les méchans qui les ressentent. C'est un fardeau sous lequel ils gemissent, & qui les fait enfin succomber; ils se degoûtent même de la fortune la plus riante. Il n'y a que le Sage qui soit toûjours content: la vertu rend son ame tranquille; rien ne le trouble, rien ne l'inquiete, parce qu'il ne pratique pas la vertu pour en être récompensé. La pratique de la vertu est la seule récompeuse qu'il espere.

XV.

Il n'y a que l'homme de bien, qui puisse sûrement faire choix, qui puisse, ou aimer ou haïr avec raison & comme il faut.

XVI.

Celuy qui s'applique à la vertu, & qui s'y applique fortement, ne commet jamais rien d'indigne de l'homme, ni de contraire à la droite raison.

XVII.

Les richesses & les honneurs sont des biens. Le desir de les posseder est naturel à tous les hommes: mais si ces biens ne s'accordent pas avec la vertu, le Sage les doit mépriser, & y renoncer généreusement. Au-contraire, la pauvreté & l'ignominie sont des maux: l'homme les fuit naturellement. Si ces maux attaquent le Sage, il luy est permis de s'en délivrer, mais il ne lui est jamais permis de s'en délivrer par un crime.

XVIII.

Je n'ay jamais vû encore d'homme qui se félicitât de sa vertu, ou qui fût affligé de ses defauts & de ses foiblesses ; mais je n'en suis point surpris, parce que je voudrois que celuy qui prend plaisir à la vertu, trouvât en la vertu tant de charmes, qu'il méprisat pour elle tout ce que le monde a de plus doux : & au-contraire, que celuy qui a de l'horreur pour le vice, trouvât le vice si hideux, qu'il n'y eust rien qu'il ne mit en œuvre pour se défendre d'y tomber.

XIX.

Il n'est pas croyable que celuy qui feroit tous les efforts dont il est capable, pour aquerir la vertu, ne l'aquit enfin, quand même il ne travailleroit qu'un seul jour. Je n'ay jamais vû d'homme qui n'eust pour cela des forces suffisantes.

XX.

Celui qui le matin a écouté la voix de la vertu, peut mourir le soir. Cét homme ne se repentira point d'avoir vêcu, & la mort ne lui fera aucune peine.

XXI.

Celui qui cherche le faste dans ses habits, & qui n'aime point la frugalité, n'est pas encore disposé pour l'étude de la sagesse; tu ne dois pas même t'en entretenir avec lui.

XXII.

Ne t'afflige point de ce que tu n'es pas élevé aux grandeurs & aux Dignitez publiques: gemi plûtôt, de ce que, peut-être, tu n'es pas orné des vertus qui te pourroient rendre digne d'y être élevé.

XXIII.

L'homme de bien n'est occupé que de sa vertu: le méchant ne l'est que de ses richesses. Le premier pense continüelement au bien & à l'intéret de l'Etat: mais le dernier a d'autres soucis, il ne pense qu'à ce qui le touche.

XXIV.

Ne fais à autrui que ce que tu veux qui te soit fait: tu n'as besoin que de cette seule Loi; elle est le fondement & le principe de toutes les autres.

XXV.

Le Sage n'a pas plûtôt jetté les yeux sur un homme de bien, qu'il tâche d'imiter ses vertus: mais ce même Sage n'a pas plûtôt tourné sa vûe sur un homme abandonné à ses crimes, que se défiant de soi même, il se demande, comme en tremblant, s'il n'est pas semblable à cét homme.

Un

XXVI.

Un enfant est obligé de servir son pére & de lui obéïr. Les péres & les méres ont leurs defauts : un enfant est obligé des les leurs faire connoitre, mais il le doit faire avec douceur & avec prudence : & si quelques précautions qu'il prenne il trouve toûjours de la résistance, il doit s'arrêter pour quelques momens, mais il ne doit pas se rebuter. Les conseils donnez à un pére, ou à une mére, attirent souvent sur le fils des duretez & des châtimens : mais un fils doit souffrir dans cette occasion, il ne doit pas même murmurer.

XXVII.

Le Sage ne se hâte jamais, ni en ses études, ni en ses paroles ; il est même quelquefois comme müet. Mais lors qu'il est question d'agir, & de pratiquer la vertu, il précipite tout, pour ainsi dire.

XXVIII.

Le véritable sage parle peu, il est même peu éloquent. Je ne voi pas aussi que l'Eloquence lui puisse être d'un fort grand usage.

XXIX.

Il faut une longue experience pour connoitre le cœur de l'homme. Je m'imaginois, lors que j'étois jeune, que tous les hommes étoient sincéres ; qu'ils mettoient en pratique tou-

tout ce qu'ils disoient; en un mot, que leur bouche étoit toûjours d'accord avec leur cœur: mais maintenant que je regarde les choses d'un autre œil, je suis convaincu que je me trompois. Aujourd'hui j'écoute ce que les hommes disent, mais je ne m'en tiens jamais à ce qu'ils disent, je veux sçavoir si leurs paroles sont conformes à leurs actions.

XXX.

Il y eut autrefois dans le Royaume de *Ci* un Prefet qui tüa son Roi. Un autre Prefet du même Royaume, regardant avec horreur le crime de ce Parricide, quitta sa Dignité, abandonna ses biens, & se retira dans un autre Royaume. Ce sage Ministre ne fut pas assez heureux, pour trouver d'abord ce qu'il cherchoit, il ne trouva dans ce nouveau Royaume que des Ministres iniques, & peu attachez aux intérets de leur Maître. Ce ne sera pas le lieu de mon sejour, se prit-il à dire, je chercherai ailleurs une rettaite. Mais ayant rencontré toûjours des hommes semblables à ce perfide Ministre, qui l'avoit forcé par son crime à abandonner sa Patrie, sa Dignité & tous ses biens, il courût par toute la terre. Si tu me démandes ce que je croi d'un tel homme, je ne puis refuser de te dire, qu'il mérite de grandes loüanges, & qu'il avoit une vertu distinguée: c'est le jugement que tout homme

rai-

raisonnable en doit faire. Mais comme nous ne sommes pas les scrutateurs des cœurs, & que c'est proprement dans le cœur que la véritable vertu reside, je ne sçai si sa vertu étoit une véritable vertu; on ne doit pas toûjours juger des hommes par les actions extérieures.

XXXI.

Je connois un homme, qui passe pour sincére dans l'esprit du peuple, à qui l'on demanda, l'un de ces jours, quelque chose qu'il n'avoit pas. Tu t'imagines, peut-être, qu'il avoüa ingenûment, qu'il étoit dans l'impuissance de donner ce qu'on luy demandoit. Il l'eût dû faire, si sa sincérité eut répondu au bruit qu'elle fait parmi le peuple: mais voici dequelle maniére il s'y prit. Il fut adroitement chez un voisin; il luy emprunta ce qu'on lui demandoit à lui-même, & il le donna ensuite. Je ne sçaurois jamais me convaincre que cét homme puisse être sincére.

XXXII.

Ne refuse point ce qui t'est donné par ton Prince, quelques richesses que tu posledes. Donne ton superflu aux pauvres.

XXXIII.

Les defauts des péres ne doivent pas être imputez aux enfans. Parce qu'un pére se sera rendu indigne, par ses crimes, d'être élevé aux

Dignitez, on n'en doit pas exclurer le fils, s'il ne s'en rend pas lui même indigne. Parce qu'un fils sera d'une naissance obscure, sa naissance ne doit pas faire son crimel il doit être appelé aux grands emplois aussi bien que les fils des Grands, s'il a les qualitez nécessaires Nos péres ne sacrifioient autrefois que des victimes d'une certaine couleur, & l'on choisissoit ces couleurs selon le gré de ceux qui étoient assis sur le Trône. Sous le regne d'un de nos Empereurs, la couleur rousse étoit en vogue. Crois tu que les Divinitez, auxquelles nos Péres sacrifioient sous le regne de cét Empereur eussent rejetté un taureau de couleur rousse, parce qu'il seroit sorti d'une vache qui n'auroit pas été de la même couleur.

XXXIV.

Préfére la pauvreté & l'exil, aux Charges de l'Etat les plus éminentes, lors que c'est un homme méchant qui te les offre, & qu'il te veut contraindre de les accepter.

XXXV.

Le chemin qui conduit à la vertu est long, mais il ne tient qu'à toi d'achever cette longue carriére. N'allégue point pour t'excuser, que tu n'as pas assez de forces; que les difficultez te découragent, & que tu seras obligé enfin de t'arrêter au milieu de ta course. Tu n'en sçais rien, commence à courir : c'est une marque que tu tu n'as pas encore commencé, tu ne tiendrois pas ce langage.

XXXVI.

Ce n'est pas assez de connoitre la vertu, il la faut aimer: mais ce n'est pas encore assez de l'aimer, il la faut posseder.

XXXVII.

Celui qui persécute un homme de bien, fait la guerre au Ciel: le Ciel a créé la vertu, & il la protége; celui qui la persécute, persécute le Ciel.

XXXVIII.

Un Magistrat doit honorer son pere & sa mére, il ne doit jamais se relacher dans ce juste devoir; son exemple doit instruire le peuple. Il ne doit mépriser ni les viellards ni les gens de merite; le peuple pourroit l'imiter.

XXXIX.

Un enfant doit être dans une perpetuelle apprehension, de faire quelque chose qui déplaise à son pere; cette crainte le doit occuper toujours. En un mot, il doit agir, dans tout ce qu'il fait, avec tant de précaution, qu'il ne fasse jamais rien qui l'offence ou qui le puisse affliger tant soit peu.

XL.

La grandeur d'ame, la force & la persévérance doivent être le partage du Sage. Le fardeau dont il s'est chargé est pesant, sa carriére est longue.

XLI.

Le Sage ne fait jamais rien sans conseil. Il consulte même quelquefois, dans les affaires les plus importantes, les hommes les moins intelligens ; les hommes qui ont le moins d'esprit & le moins d'experience. Lors que les conseils sont bons, on ne doit pas regarder d'où ils viennent.

XLII.

Evite la vanité & l'orgueil. Quand tu aurois toute la prudence & toute l'habileté des Anciens, si tu n'as pas l'humilité, tu n'as rien, tu es même l'homme du monde qui merite le plus d'être méprisé.

XLIII.

Apprens ce que tu sçais déja, comme si tu ne l'avois jamais appris: on ne sçait jamais si bien les choses, qu'on ne puisse bien les oublier.

XLIV.

Ne fais rien qui soit malséant, quand même tu aurois assez d'adresse pour faire approuver ce que tu fais: tu peux bien tromper les yeux des hommes, mais tu ne sçaurois tromper le Ciel, il a les yeux trop clairvoyans.

XLV.

Ne te lie jamais d'amitié, avec un homme qui ne sera pas plus homme de bien que toi.

Le

XLVI.

Le Sage a honte de ses defauts, mais il n'a pas honte de s'en corriger.

XLVII.

Celui qui vit sans envie & sans convoitise, peut aspirer à tout.

XLVIII.

Veux-tu apprendre à bien mourir, apprens auparavant à bien vivre.

XLIX.

Un Ministre d'Etat ne doit jamais servir son Prince, dans ses injustices & dans ses desordres. Il doit plutôt renoncer à son Ministére, que de le flêtrir, par des actions lâches & criminelles.

L.

L'Innocence n'est plus une vertu, la plûpart des Grands en sont déchus. Mais si tu demanmandes ce qu'il faudroit faire, pour recouvrer cette vertu, je réponds qu'il ne faudroit que se vaincre soi-même. Si tous les mortels remportoient sur eux, dans un même jour, cette heureuse victoire, tout l'Univers, dés ce même jour, reprendroit une nouvelle forme; nous serions tous parfaits, nous serions tous innocens. La victoire est difficile, il est vrai, mais elle n'est pas impossible; car enfin, se vaincre soi-même, n'est que faire ce qui est conforme à la raison. Détourne tes yeux, ferme tes oreilles, mets un frein à ta lan-

langue, & sois plûtôt dans une éternelle inaction, que d'occuper tes yeux à voir des spectacles où la raison se trouve choquée; que d'y donner ton attention, que d'en discourir. Voilà de quelle maniere tu pourras vaincre; la victoire ne depend que de toi.

LI.

Ne souhaite point la mort de ton ennemi, tu la souhaiterois en vain; la vie est entre les mains du Ciel.

LII.

Il est facile d'obeir au Sage, il ne commande rien d'impossible: mais il est difficile de le divertir: souvent ce qui rejouit les autres le fait soûpirer, & arrache de ses yeux des torrens de larmes.

LIII.

Reconnoi les bienfaits par d'autres bienfaits, mais ne te vange jamais des injures.

LIV.

En quelque endroit du monde que tu sois obligé de passer ta vie, aye commerce avec les plus sages, ne fréquente que les gens de bien.

LV.

Pécher & ne se repentir point, c'est proprement pécher.

LVI.

Il est bon de jûner quelquefois, pour vaquer à la méditation & à l'étude de la vertu. Le Sage est occupé d'autres soins, que des soins continuels de sa nourriture. La terre la mieux cul-

cultivée trompe l'esperance du laboureur, lors que les saisons sont déréglées : toutes les régles de l'Agriculture ne le sçauroient garantir de la mort, dans le tems d'une dure famine : mais la vertu n'est jamais sans fruit.

LVII.

Le Sage doit apprendre à connoitre le cœur de l'homme, afin que prennant chaque homme par son propre penchant, il ne travaille pas en vain, lors qu'il lui parlera de la vertu. Tous les hommes ne doivent pas être instruits de la même maniére. Il y a diverses routes qui conduisent à la vertu, le Sage ne les doit pas ignorer.

LVIII.

L'homme de bien péche quelquefois, la foiblesse lui est naturelle : mais il doit si bien veiller sur soi, qu'il ne tombe jamais deux fois dans le même crime.

LIX.

Comba nuit & jour contre tes vices ; & si par tes soins & ta vigilance, tu remportes sur toi la victoire, attaque hardiment les vices des autres, mais ne les attaque pas avant cela : Il n'y a rien de plus ridicule que de trouver à redire aux defauts des autres, lors que l'on a les mêmes defauts.

LX.

Nous avons trois amis, qui nous sont utiles, un ami sincére, un ami fidéle, un ami qui écoute tout, qui examine tout ce qu'on luy dit, & qui parle peu : mais nous en avons aussi trois dont l'amil'amitié est pernicieuse, un ami hypocrite, un ami flateur, & un ami qui parle beaucoup.

LXI.

Celui qui s'applique à la vertu, a trois ennemis à combattre qu'il doit tâcher de surmonter, l'incontinence, lors qu'il est encore dans la vigueur de son âge & que le sang luy boût dans les veines; les contestations & les disputes, lors qu'il est parvenu à un âge meur, & l'avarice, lors qu'il est vieux.

LXII.

Il y a trois choses que le Sage doit revérer, les Loix du Ciel, les grands hommes, & les paroles des gens de bien.

LXIII.

On peut avoir de l'aversion pour son ennemi, sans pourtant avoir le desir de se vanger. Les mouvemens de la nature ne sont pas toûjours criminels.

LXIV.

Défie toi d'un homme flateur, d'un homme qui est affecté dans ses discours, & qui se pique par tout d'éloquence: ce n'est pas le caractére de la véritable vertu.

LXV.

Le silence est absolument nécessaire au Sage. Les grands discours, les discours étudiez, les traits d'éloquence, doivent être un langage inconnu pour lui, ses actions doivent être son langage. Pour moi, je ne voudrois jamais plus parler. Le Ciel parle, mais de quel langa-

ge

ge ſe ſert-il, pour prêcher aux hommes, qu'il y a un ſouverain principe d'où dependent toutes choſes; un ſouverain principe qui les fait agir & mouvoir? Son mouvement eſt ſon langage, il rameine les ſaiſons en leur tems, il émeut toute la nature, il la fait produire: que ce ſilence eſt éloquent!

LXVI.

Le Sage doit haïr pluſieurs ſortes d'hommes. Il doit haïr ceux qui divulguent les defauts des autres, & qui ſe font un plaiſir d'en parler. Il doit haïr ceux qui n'étant ornez que de qualitez fort mediocres, & qui d'ailleurs n'ayant aucune naiſſance, mediſent & murmurent temerairement, contre ceux qui ſont élevez aux Dignitez de l'Etat. Il doit haïr un homme vaillant, lors que ſa bravoure n'eſt accompagnée ni de civilité, ni de prudence. Il doit haïr ces ſortes d'hommes qui toûjours remplis de leur amour propre; qui toujours entêtez de leur merite, & idolatres de leurs ſentimens, attaquent tout, trouvent à redire à tout, & ne conſultent jamais la raiſon. Il doit haïr ceux qui n'ayant que tres-peu de lumiéres, ſe mêlent pourtant de cenſurer ce que font les autres. Il doit haïr les hommes ſuperbes. Enfin il doit haïr ceux qui ſe font une habitude d'aller déterrer les defauts des antres pour les publier.

LXVII.

Il eſt bien difficile de ſe menager avec le petit

peuple. Ces sortes d'hommes deviennent familiers & insolents, lors qu'on a trop de commerce avec eux: & comme ils s'imaginent qu'on les méprise, lors qu'on les néglige tant soit peu, on s'attire leur aversion.

LXVIII.

Celui qui est parvenu à la quarantiéme année de son âge, & qui, jusques à ce tems-là, à été l'esclave de quelque habitude criminelle, n'est gueres en état de la surmonter. Je tiens sa maladie incurable, il persévérera jusqu'à la mort dans son crime.

LXIX.

Ne t'afflige point de la mort d'un frére. La mort & la vie sont en la puissance du Ciel, auquel le Sage est obligé de se soumettre. D'ailleurs, tous les hommes de la terre sont tes freres: pourquoi pleurerois tu pour un seul, dans le tems qu'il t'en reste tant d'autres.

LXX.

La lumiére naturelle n'est qu'une perpetuelle conformité de nôtre ame avec les loix du Ciel. Les hommes ne peuvent jamais perdre cette lumiére. Il est vrai que comme le cœur de l'homme est inconstant & muable, elle est couverte quelquefois de tant de nüages, qu'elle semble entiérement éteinte. Le Sage l'éprouve lui-même: car il peut tomber dans de petites erreurs, & commettre des fautes legéres. Cependant le Sage ne sçauroit être vertüeux, tandis qu'il est dans

dans cét état-là, il y auroit de la contradiction à le dire.

LXXI.

Il est bien difficile, lors qu'on est pauvre, de ne haïr point la pauvreté: mais on peut être riche sans être superbe.

LXXII.

Les hommes des premiers siécles ne s'appliquoient aux Lettres & aux sciences, que pour eux-mêmes, c'est-à-dire, pour devenir vertueux: c'étoit là toute la loüange qu'ils attendoient de leurs travaux & de leurs veilles. Mais les hommes d'aujourd'hui ne cherchent que l'encens, ils n'étudient que par vanité, & pour passer pour sçavans dans l'esprit des hommes.

LXXIII.

Le Sage cherche la cause de ses défauts en soimême: mais le fou se fuyant soi-même, la cherche par tout ailleurs que chez soi.

LXXIV.

Le Sage doit avoir une gravité sévére, mais il ne doit pas être farouche, & intraitable. Il doit aimer la societé, mais il doit fuir les grandes assemblées.

LXXV.

L'amour ou la haine des peuples, ne doit pas être la régle de ton amour ou de ta haine: examine s'ils ont raison.

LXXVI.

Lie-toi d'amitié avec un homme qui ait le

cœur droit, & qui soit sincere ; avec un homme qui aime à apprendre, & qui te puisse apprendre, à son tour, quelque chose. Les autres hommes sont indignes de ton amitié.

LXXVII.

Celui qui a des defauts, & qui ne travaille point à s'en défaire, doit aumoins faire tous ses efforts pour les cacher. Les defauts du Sage sont comme les Eclipses du soleil, ils viennent à la connoissance de tout le monde. Le Sage dans cette occasion doit tacher de se couvrir d'un nuage. Je dis la même chose des Princes.

LXXVIII.

Abandonne sans balancer ta Patrie, lors que la vertu y est opprimée, & que le vice y a le dessus. Mais si tu n'as pas fait dessein de renoncer aux maximes du siécle, dans ta retraite & dans ton exil, demeure dans ta misérable Patrie ; à quel dessein en sortirois-tu ?

LXXIX.

Lors qu'il s'agit du salut de ta Patrie ne consulte pas, expose ta vie.

LXXX.

Le Ciel n'abbrége pas la vie de l'homme c'est l'homme qui abrége sa vie par ses crimes. Tu peux éviter les calamitez qui viennent du Ciel, mais tu ne sçaurois éviter celles que tu t'attires par tes crimes.

FIN.

Fautes à corriger.

Comme ce petit Ouvrage a été imprimé avec assez de précipitation, il s'y est glissé quelques fautes. On a mis quelquefois des points dans des endroits où il n'en faloit point, & l'on en a oublié dans d'autres comme par exemple, dans la page 18. Toutes ces copulatives. Et qu'on trouvera dans la page 21. & peut être, en quelques autres endroits sont des negligences du Correcteur.

Au reste, comme l'on n'a pas eu des Caractéres propres, pour marquer les Ç. on avertit que la plûpart des mots Chinois qui commencent par un C. doivent être lûs, comme s'ils étoient écrits avec un S. Voici les fautes les plus considerables, le Lecteur corrigera les autres.

Pag. 9. L. 20. œdipe. lis. Oedipe. P. 16. L. 17. allequerons. lis. aléguerons. P. 41. L. 6. exclur. lis. exclus. P. 47. L. 24. aprés retenus adjoutez ni par la crainte, ni par la pudeur. P. 52. L. 1. que. lis. quel. P. 68. L. 19. qui en. lis. & qui en. P. 73. L. 18. Run. lis. Zun. P. 83. L. 4. & de tenebres & doutes. lis. & de tenebres & de doutes. P. 87. L. 3. des. lis. de. P. 90. prem. lig. exclurer. lis. exclure. P. 90. L. 4. crimel. lis. crime.

www.ingramcontent.com/pod-product-compliance
Ingram Content Group UK Ltd.
Pitfield, Milton Keynes, MK11 3LW, UK
UKHW020348230726
13925UKWH00003B/1017

9 782013 672689